KB269489

김동범의 감동문자 실용백과 ❷

기쁨과 축복을 선사하는
마법의 희망문자

SMS+MMS

김동범의 감동문자 실용백과 ❷

기쁨과 축복을 선사하는
마법의 희망문자

김동범 지음

중앙경제평론사

행복한 삶과 성공인생 위한 소중한 씨앗, 문자메시지

문자메시지는 가장 활용도 높은 커뮤니케이션 툴

요즈음 다른 사람에게 안부인사나 축하인사, 감사인사, 기타 의사전달을 하고자 할 때 가장 많이 활용되는 커뮤니케이션 툴(tool)은 뭘까? 정답은 문자메시지이다.

휴대전화가 어엿한 생활의 동반자요 중요한 통신수단으로 자리매김하면서 라이프스타일과 사고방식에 많은 변화를 가져오고 있다. 특히 휴대전화에 부수적 기능으로 첨가된 단문 문자메시지서비스(SMS)와 컬러메일인 멀티미디어 메시지서비스(MMS)의 활용도가 점점 넓어지면서 주기능인 음성통화보다 더 중요한 의사전달수단으로 부각되고 있다.

바야흐로 문자세대(Text Generation)라는 말이 나올 만큼 문자메시지는 가장 일반적이고 활용도가 높은 커뮤니케이션 수단으로 확고하게 자리잡아가고 있다. 이제 문자메시지는 통신수단의 키워드를 넘어 커뮤니케이션의 키워드가 되었다.

문자메시지는 사람의 마음을 사로잡는 가장 효과적인 터치 툴

커뮤니케이션 트렌드가 점점 바뀌어 가고 있다. 필자가 어린 시절만 해도 가까이 있는 사람에게는 직접 방문해 소식을 전했고 멀리 떨어져 있는 사람에게는 편지와 엽서(카드)로 연락했다. 그 후 전화가 대세를 이루다가 인터넷 발달에 따라 주로 이메일로 메시지를 전달했다. 그런데 요즈음은 좋은 소식, 궂은 소식, 안부인사, 하루인사, 애정표현, 격려메시지, 정보전달 등 모든 소식을 문자메시지를 통해 주고받고 있다.

문자메시지가 많은 사람들에게 이와 같은 호응을 얻는 이유는 문자는 서로에게 부담이 없고 편리하며, 시간과 경비를 절약할 수 있고, 형태나 디자인을 다양화할 수 있으며, 손쉽게 내 마음을 상대방에게 알릴 수 있는 효과적인 터치 툴로 선택의 폭이 매우 넓기 때문이다.

한마디로 문자메시지는 많은 커뮤니케이션 수단 중 상대의 마음을 가장 빠른 시간 안에 사로잡고 감동시키는 최고의 감성터치 툴이요, 살가운 마음으로 상대방을 맞갖게 배려하면서 행복하게 해주는 이 시대 최고의 하이테크 리빙센스라 할 수 있다.

문자메시지는 감동을 안겨줘야 생명력과 가치 발휘

요즈음엔 휴대전화 없는 사람 없고, 문자 못 보내는 사람이 거의 없다 보니 거의 모든 의사전달을 문자로 하고 있다. 개인 간의 의사소통과 관계 형성을 위해서 모임이나 단체의 소식전달은 물론 직장, 기업체, 금융회사 등에서도 고객서비스 안내를 으레 문자로 하고 있다.

특히 비즈니스맨, 세일즈맨, 자영업자, 샐러리맨, 전문직종사자들도 고객관리 차원에서 문자를 적극 활용하고 있다. 그런데 스팸성 문자와 광고성 문자도 덩달아 난무하다 보니 받는 사람 입장에서는 문자메시지가 때론 성가실 수 있다. 아프다거나, 바쁜 일을 하고 있을 때 혹은 회의, 교육, 중요한 손님과 상담 중일 때 오는 상투적인 문자메시지는 짜증도 난다. 어느 경우에는 아예 수신함을 열어보지도 않는다.

이럴 때 어떻게 하면 다른 사람이 보내는 문자메시지와 차별화해서 상대방의 마음에 들게 함은 물론 감동을 안겨줘 오히려 내 문자를 기다리도록 만들 것인가를 궁리해야 한다.

명품글귀로 만든 문자메시지 한 통은 성공을 낳는 씨앗

　문자메시지에 담는 글귀는 삶의 재치와 감동이 묻어나서 문자를 받아 보는 사람에게 엔도르핀을 선사해 생활의 활력소가 되도록 만들어야 한다. 특히 상생을 실천하는 황금률(golden rule)을 넘어 감동을 안겨주는 백금률(platinum rule)을 실천하는 데 가장 효과적인 문자메시지로 사람의 마음을 사로잡아야 좋은 만남이 지속적으로 이루어져 성공을 낚을 수 있다.

　따라서 받는 사람의 마음을 사로잡을 수 있는 감칠맛 나는 문구와 윤기나는 어휘를 착상해 시의적절하게 사용하면서 전하고자 하는 내용을 양념으로 곁들이는 지혜가 필요하다.

　아름다운 문자메시지를 만드는 정성과 시간은 소진이 아닌 내일의 성공을 위한 소중한 자양분이 되어준다. 그런데 바삐 살다 보면 좋은 글귀를 생각하고 찾아내 문자를 살갑고 감동적으로 만들 수 있는 시간이 많이 부족하기 마련이다.

　그래서 필자는 평소 직접 활용해 좋은 반향을 불러일으킨 다양한 쓰임새의 소중한 문자들을 토대로 수많은 사람들과의 만남 및 각종 매체를 통해 발굴 수집한 감동적인 문자 글귀들 중 품격 높고 활용효과가 큰 감동어린 문자 글귀들만 엄선해 '감동문자 실용백과' 시리즈 전 3권으로 출간하게 되었다.

　이제는 자신이 보내는 문자 한 통마다 성공인생을 향한 소중한 씨앗들이 담겨 있다고 생각하면서 문자 글귀를 만드는 데 정성을 기울여야 한다. 보내는 문자는 상투적인 일반문자가 아닌 명품문자로 만들어 감동을 안겨줘야만 상대방의 마음을 사로잡아 성공의 씨앗으로 자라난다.

　감동문자 시리즈 도서를 적극적으로 활용해 인연을 맺고 모든 사람들에게 감동을 선사해 자신의 매력을 돋보이도록 하고 서로 기쁨과 행복으로 하루가 매조지게 만들어보자.

부디 필자가 집대성한 이 감동문자 시리즈가 인간관계를 증진시켜줌으로써 행복한 삶을 일구고 알찬 성공의 열매를 맺는 데 도움이 되기를 진심으로 기대한다.

사람을 남기는 삶을 살고 싶은 작가
김 동 범

07장 생일, 결혼(기념일) 축하인사용 멋진 감동문자메시지

08장 회사, 단체 등 조직에서 활용하는 멋진 감동의 격려문자

09장 이사(개업), 승진, 수상 축하인사용 멋진 감동문자 메시지

이 책의 활용효과 극대화를 위해 꼭 알아둘 사항

1. 이 책은 일상적으로 활용되는 다양한 종류의 문자메시지 글귀를 총망라해 실었으므로 먼저 차례에서 활용 용도에 맞는 장절을 확인한 다음 본문의 해당 페이지에서 쓰임새에 가장 적합한 글귀를 찾아 적절히 활용하면 됩니다.

2. 이 책에서는 '(안녕하세요) ○○○입니다' 등 맨 처음 문자글에 사용되는 일반적인 상투어는 생략했으므로 문자 틀에 맞춰 본문에 실은 문자 글귀들 앞과 뒤에 적합한 수식어를 붙여 사용하십시오.

3. 문자메시지의 특성상 일단 안면이 트인 후 문자를 보낼 때 자신의 신분을 구태여 밝힐 필요가 없는 경우를 고려, 가급적 상투적인 인사말(신분명시 등)은 생략했습니다.

4. 본문에서 필자가 명기한 나와 상대방에 대한 신분상의 호칭은 현재 성별, 직위, 연령, 친숙도 등 서로의 관계를 고려해 적절히 변경해 사용하십시오.

5. 문자 끝맺음 글의 경우 대부분 '~세요, ~되길, ~니다, ~되삼' 등으로 표기했는데, 이를 받는 사람과의 관계를 고려해 가장 좋은 맺음글귀로 적절히 조정해 사용하십시오.

6. 문자메시지를 한 화면(단문SMS)이 아닌 두 화면으로 나누어 보내거나 또는 문자MMS로 전환해야 할 경우에는 'MMS'라고 표기하였으므로 'MMS'가 아닌 모든 문자 글귀는 단문SMS로 처리해 보내면 됩니다.

7. 문자메시지는 40글자(80byte) 이내로 조정해 보내야 하므로 MMS라고 표기한 문자글 이외는 자간을 붙이고 맞춤법이나 문장부호 등을 적절히 생략해야만 한 화면으로 문자메시지를 만들 수 있습니다.

8. 감동문자 실용백과 시리즈(전 3권)의 효율성을 고려하여 문자메시지의 효용성에 대한 설명은 시리즈 1권 1장에 기술했고, 문자메시지에 잘 어울리는 이모티콘 유형 및 사용 시기 등에 대한 내용은 시리즈 3권 1장에 별도로 명시해놓았음을 알립니다.

감동어린 명품문자에서는
사람의 인품과 행복이 묻어납니다

명품문자를 보내는 사람은
자신의 가치를 발휘하는 방법을 아는 사람입니다.
명품문자를 보내는 사람은
자신의 인품이 높아짐을 아는 사람입니다.
명품문자를 보내는 사람은
사람을 남기는 방법을 아는 사람입니다.
명품문자를 보내는 사람은
성공인생을 향한 로드맵을 아는 사람입니다.

받는 명품문자에서는
보내는 사람의 지나온 인생이 묻어나옵니다.
받는 명품문자 글귀에서는
보내는 사람의 교양이 묻어납니다.
받는 명품문자에서는
보내는 사람의 가치가 클로즈업됩니다.
받는 명품문자메시지에서는
보내는 사람의 인품이 저절로 보입니다.

받아 보는 감동의 명품문자에서
보내는 사람의 받는 사람에 대한

배려와 관심의 정도가 엿보입니다.
받아 보는 감동의 명품문자에서
보내는 사람의 받는 사람에 대한
인연과 사랑의 척도를 가늠할 수 있습니다.
받아 보는 감동의 명품문자메시지는
보내는 사람의 받는 사람에 대한
인간관계의 지속성 여부를 알게 합니다.

감동어린 명품문자에서는
그 사람의 매력과 가치가 묻어나옵니다.
감동어린 명품문자에서는
보내는 사람의 그릇이 커지는 모습이 보입니다.
감동어린 명품문자에는
성공인생을 향한 로드맵이 숨겨져 있습니다.

오늘부터 당신의 매력과 가치가
고이 묻어난 주옥같은 감동의 명품문자메시지로
신뢰와 존경의 탑을 올곧게 쌓아
좋은 인연의 씨줄과 날줄을 튼튼히 엮어
멋진 성공인생을 향한 소중한 씨앗이 움트게 만드세요.

이 책을 생활의 동반자로 여겨
당신의 마음 담아 곱게 띄우는 마법의 명품문자가
행복한 삶을 위한 소중한 자양분이 되고
성공을 향한 엔진의 원동력이 되어
날마다 기쁨과 행복으로 곱게 여울지길 바랍니다.

- 김동범 -

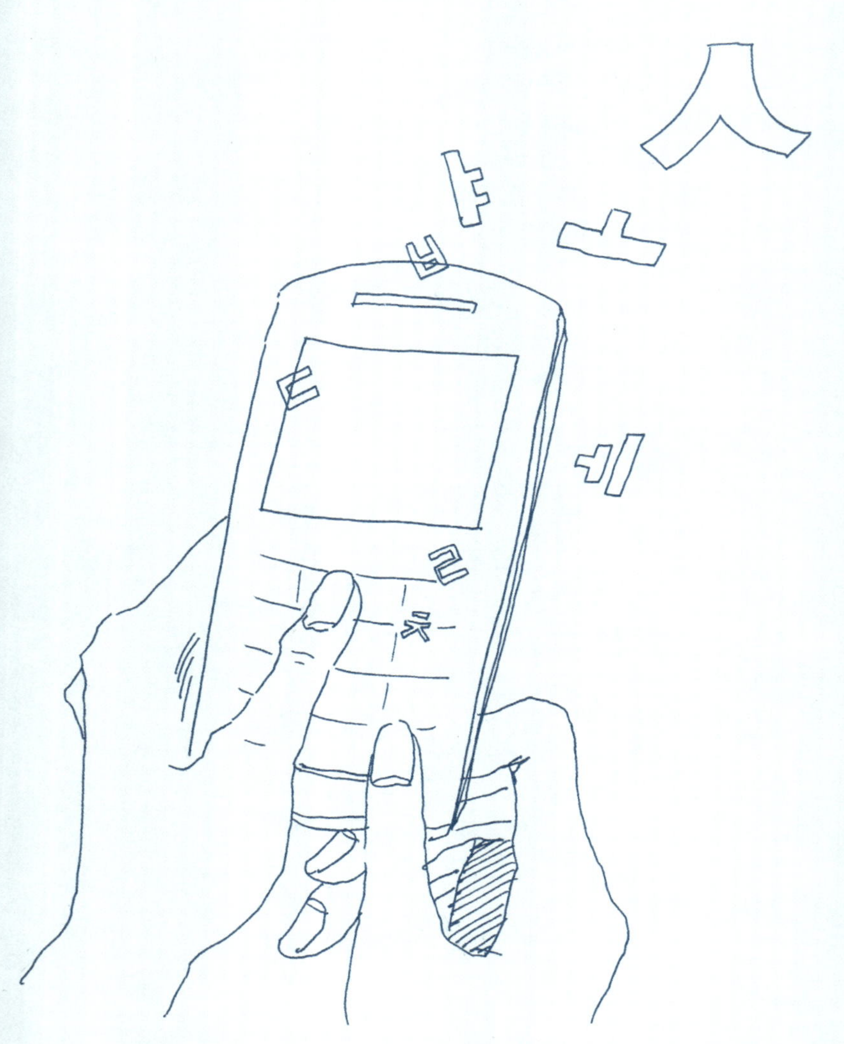

01

명품문자로 문자전송효과를 극대화하라

문자메시지의 생명력은 즉시성과 동시에 단문의 전화편지에 전하고자 하는 말을 축약해 상대방에게 감동을 안겨주어 신뢰의 싹이 움트게 하고 내 편으로 만들어나가는 데 있다. 따라서 문자메시지는 문자편지의 얼개에 맞춰 보내야 제 맛과 빛깔이 산다.

좋은 글귀가 생각나지 않을 때는 차력을 하라

문자는 꼭 보내야겠는데 뭐라고 쓰지?

"저번에 심심해서 후배한테 문자를 보내줬는데 정말 좋아하더군요. 그래서 자주 보내줬습니다. 하루를 즐겁게 보내라는 둥 추우니 감기 조심하라는 둥 웃음만 가득한 하루를 보내라는 둥 이런 글을 문자메시지로 받으면서 매일 감동했다더군요. 여기까지는 좋았는데 자기 친구까지 소개하면서 그 친구한테도 문자를 보내주라는 겁니다. 학교도 같이 다니고 학원도 같이 다니는 친구라니 같은 내용의 문자를 보내줄 수 없어 다르게 보내다보니 하루하루 흘러가면서 제 머릿속에 든 자원이 고갈되더군요. 도와주세요. 나는 언제나 하이파이브에 목마르다."

이는 인터넷에 실린 글인데 문자를 자주 보내는 사람이라면 누구나 이런 상황에 공감할 것이다.

문자를 보내는 데 대한 부담감을 없애면서 좋은 문자를 만들어 보내려면 문자 보낼 때마다 활용 가능한 글귀를 많이 확보해놓으면 된다. 따라서 좋은 글귀가 생각나지 않을 때는 차력을 할 필요가 있다. 그러면서 감동어린 명품문자를 만들어 보내는 기술을 익히고 문자 틀을 잘 잡아야 문자메시지 보내는 효과가 극대화된다.

문자메시지를 자신이 받는 것처럼 정을 담아 꾸며라

문자메시지를 가장 잘 만들어 보내는 방법은 자신이 문자메시지를 받아보는 것과 같은 마음으로 문자를 만드는 것이다. 즉 보내는 문자메시지에 행복바이러스가 묻어나게끔 만들어야 한다. 내 기분을 위해서가 아니라 상대방의 마음을 혜량하면서 문자글을 만들어야 한다.

먼저 단문의 전화편지인 문자메시지로 어떻게 상대방의 마음을 좀더 편안하고 기쁘게 해주며 나를 오래도록 각인시킬 수 있는지 생각해야 한다. 그리고 자기 자신이 문자메시지를 받는다는 생각으로 감정을 살려 좋은 글을 만들고 적당한 이모티콘을 양념으로 넣어 맛깔스럽게 꾸며서 기품있게 보내야 한다. 정성 없이 형식적인 인사말로 문자를 보내면 받는 사람은 그저 그런 문자로 치부해버리고 보낸 사람의 존재를 잊게 된다는 사실을 유념해야 한다.

문자메시지를 보낼 때는 항상 역지사지하는 마음으로 문자 글귀와 이모티콘을 정성스럽게 화학적으로 잘 조합하고 포장해 문자 틀에 잘 맞춰 보내는 살가운 마음 씀씀이를 보여야 한다.

문자메시지에 행복바이러스가 묻어나 엔도르핀을 선사해주도록 감동의 명품문자를 만드는 노력과 지혜가 선행되어야 한다. 이렇게 문자를 어떻게 보내야 상대방이 감동할지 고민하다보면 단문편지인 문자메시지 전송 효과는 저절로 나타날 것이다.

어떻게 하면 칭찬과 격려를 해줄 수 있는지 강구하라

칭찬하는데 인색하게 굴 사람은 없다. 문자메시지의 생명은 상대방이 희망과 즐거움, 행복감을 느끼게 만드는 데 있다. 즉 문자메시지를 보내는 목적은 상대방의 기분을 문자를 받기 전보다 훨씬 더 좋게 만들어 행복한 기분이 들게 하며 기쁘게 해주는 데 있다. 행복바이러스를 전송하여 엔도르핀이 저절로 솟아나 삶이 즐겁고 행복감이 곱게 여울지도록 하는 데 있는 것이다.

따라서 어떻게 하면 상대방을 칭찬해서 감동을 안겨줘 상대방이 나를 더욱 신뢰하고 사랑하게 할 수 있는지 강구하면서 글귀를 만들어야 한다. 이때 약방의 감초 같은 역할을 하는 것이 바로 힘과 용기가 저절로 나게끔 칭찬과 격려를 해주는 살가운 문자 글귀다.

마크 트웨인(Mark Twain)은 '멋진 칭찬을 들으면 그것만 먹어도 두 달은 살 수 있다'고 하였다. 정중히 칭찬하는 감동문자를 띄워 나와 상대방이 함께 하루를 기쁨으로 맞이하고 즐겁게 보내도록 만들어보자. 감동의 명품문자를 받아 보는 순간 상대방이 행복감에 젖어들도록 만들어보자.

내가 보낸 문자글을 상대방이 저장하도록 명품글귀로 만들어라

"필자는 좋은 글, 멋진 문장, 아름다운 시를 보면 그걸 닮은 삶 하나 낳고 싶은 생각이 일렁거린다. 그래서 문자를 보낼 때는 내 문자를 받아보는 사람이 잠시라도 편하고 즐겁고 행복해질 거리를 찾아 글귀로 가다듬어 보낸다. 나중에 상대방을 만나 대화를 할 때 필자가 보낸 문자를 저장한 걸 보면 마음이 흐뭇해진다. 그만큼 상대방에게 좋게 각인되어 있다는 징표이기 때문이다."

문자는 '내가 보낸 문자를 상대방이 저장하도록 해야겠다' 는 마음과 열정을 갖고 정성을 들여 만들어 보내야 효과가 가장 크게 나타난다. 상대방이 내 문자를 본 뒤 저장버튼만 눌러준다면 이는 앞으로 좋은 결과를 가져올 수 있는 소중한 씨앗 한 톨을 심은 것과 마찬가지다. 문자를 저장하도록 만들려면 남들과는 차별화되면서도 무언가 감동과 감명을 안겨줄 수 있는 명품글귀로 잘 다듬고 상대방을 배려하는 진정성이 담긴 문자 글귀를 보내야 한다.

좋은 글로 아름답게 꾸민 문자는 아무리 되풀이해 클릭해 보아도 늘 새로운 느낌을 간직하게 하므로 저절로 감정이입이 된다. 아름다운 성공인생을 열어가고 싶으면 반드시 명품문자를 만들어 띄워 상대방이 전송된 문자메시지를 보고 좋은 반응을 일으켜 문자가 휴대전화에 오래 저장될 수 있도록 만들자.

상대방의 마음을 사로잡으려면 문자 DIY족이 돼라

보내는 문자메시지로 상대방의 마음을 사로잡으려면 상대방이 돋보이도록 문자 글귀를 잘 꾸며야 한다. 보는 이에게 감동과 자신감을 심어주어 좋은 만남을 지속적으로 잇게 해주는 문자가 생명력 있고 가치 있는 문자이므로 문자메시지는 무조건 상대방을 감동시키고 좋은 인식을 심어줄 수 있게 만들어 띄워야 한다. 남이 만든 것을 활용하면 그 효과는 반감된다.

각종 문자메시지가 홍수처럼 쏟아지는 시대이므로 남과 차별화되지 않는 문자메시지는 받는 사람에게 그저 흔한 일반 문자로만 인식될 수 있다. 이는 입장을 바꿔 문자를 받을 때 자기 자신의 반응을 생각한다면 알 수 있을 것이다.

따라서 회사(직장)에서 공용하는 고객용 문자는 어느 회사를 불문하고 대부분 내용이 엇비슷하고 문자내용 또한 비즈니스 냄새가 상당히 풍기므로 특별한 경우가 아니면 사용하지 않는 것이 좋다. 정 보내고 싶다면 고객 성향을 고려하여 문자내용과 이모티콘을 자신이 직접 만든 싱그러운 향기가 풍기는 글귀로 수정하여 보내는 정성을 들여야 한다. 그래야만 문자메시지를 받아보는 사람은 문자를 자신만을 위해 보내려고 성의를 다했다고 생각해 감동을 받게 된다.

문자메시지는 반드시 본인이 직접 정성껏 만들어 상대방에게 전하는

DIY(Do it yourself)를 해야 한다. 즉 문자 DIY족이 되어야 한다. 특히 비즈니스 차원에서 문자를 보낼 때는 DIY족이 되어야 상대방의 신뢰와 사랑을 더 받고 전문가로 대접받을 수 있다.

감정표현이 잘 묻어나는 이모티콘을 적절히 배치해 보내라

이모티콘은 문자메시지를 보내는 사람의 감정을 가장 잘 보여주는 살아 있는 글이다. 상황에 따라서는 감정이입을 잘 살려 이모티콘을 적절히 배합해 보내면 효과가 극대화될 수 있다. 그러나 너무 자주 사용하거나 복잡하게 배열하면 오히려 곤란하다.

허물없이 지내는 친구가 아니라면 너무 복잡한 문자 이모티콘은 사용하지 않는 것이 좋다. 일반적으로 사용하는 이모티콘 가운데는 웃는 모습을 한 형상이 가장 친숙하게 다가온다. 단문의 전화편지인 문자메시지는 장문의 일반편지나 전자편지인 이메일과는 달리 주로 40글자 이내에서 상대방에게 글을 띄우는 목적과 자신의 감정을 축약해 표현하는 특성상 자신보다는 받는 사람의 기분을 띄울 수 있는 문자 이모티콘을 보내야 한다. 따라서 슬픈 표정, 우울한 표정을 나타내는 이모티콘은 삼가는 것이 좋다.

문자전송효과를 극대화할 타이밍을 잘 포착하라

문자는 언제 어느 때 어떤 형태로 보내야만 상대방이 가장 감동받고 좋아할지 생각하면서 문자글을 다듬어 제때 보내야 한다.

문자전송의 적기 포착은 문자발송효과를 극대화해준다

문자메시지가 아무 때나 보내도 되는 편리성이 있다고는 하지만 상대방의 현재 심정과 상황을 배려하지 않고 보내는 문자는 아무리 명품 글귀로 가다듬은 감동어린 문자라 해도 그 가치와 효용성이 떨어지게 마련이다. 자신이 용무가 급하다고 상대방에 대한 예의도 고려하지 않고 마구잡이식으로 보낸다면 문자내용이 아무리 좋아도 그리 환영받지 못한다.

따라서 문자를 보낼 때는 문자 보내는 시점과 상황을 잘 포착하고 분석해야 한다. 자신이 받아보는 입장에서 언제 어느 때 받는 것이 좋을지 생각하고 보내야 한다. 애사 등 특별한 일이 아니라면 늦은 저녁시간 이후에 또는 이른 새벽에 보내는 것은 매우 큰 실례다. 또 연휴 중 직장일로 문자를 보내는 것도 결례이므로 문자 보내는 시점과 상황을 잘 포착할 필요가 있다. 상대방의 입장과 관계를 최대한 고려하고 배려하면서 시의적절하게 감동문자를 띄워 보내야만 문자전송효과가 극대화된다는 점을 꼭 명심하라.

상대방에 대한 배려와 마음 씀씀이를 발휘하여 보내라

문자를 보내는 시점에서 '지금 상대방이 어떠한 상황에 있을까?'를 생각하며 미리 혜량해 문자글을 만드는 센스와 마음 씀씀이가 필요하다. 예를 들어 매일 아침 날씨와 계절의 변화, 주초와 주말, 월초와 월말, 연초와 연말 등 변화의 순간순간에는 누구나 민감하게 반응하므로 이 시기를 포착해 그에 가장 알맞은 글귀(문자)와 이모티콘을 활용해 단문편지로 맛깔스럽게 꾸며 전송한다면 상대방은 마음으로 화답하고 답신해줄 것이다. 그러면 서로 신뢰감을 쌓게 되고 이를 기회로 상대방을 서서히 내 편으로 만들어갈 수 있다.

TIP

문자메시지 전송효과 극대화 방법 12가지

1. 자신이 문자메시지를 받을 때의 기분으로 꾸며라.
2. 문자 글귀는 상대방의 마음이 편안하고 행복해지도록 꾸며라.
3. 항상 단문편지를 쓰듯 정성을 기울여라.
4. 다른 사람과 차별화해 나만의 감동문자를 보내라.
5. 문자메시지를 편지의 얼개에 맞춰 품격을 높여라.
6. 어떻게 하면 상대방에게 어필할 수 있는지 좋은 글귀를 찾아라.
7. 상대방의 이목을 끄는 기발한 감동글귀를 만들어라.
8. 상대방의 마음을 사로잡으려면 DIY를 하라.
9. 감정표현이 잘 묻어나는 이모티콘을 적절히 배치해 보내라.
10. 특별한 경우가 아니면 여러 사람에게 똑같은 내용으로 보내지 마라.
11. 문자메시지를 보낼 때도 에티켓을 지켜라.
12. 문자메시지 띄우는 가장 적절한 타이밍을 찾아라.

문자메시지는 단문의 전화편지임을 명심하라

문자메시지는 단순한 커뮤니케이션 수단이 아니라 편지 가운데 가장 짧은 편지이며 편지 유형 가운데 전화편지에 속하는 문자편지다.

전화우편(편지)인 단문편지로써 문자메시지 기능을 새겨라

문자메시지는 편지일까? 아닐까? 문자메시지도 엄연히 일반편지, 이메일, 엽서(카드) 등과 마찬가지로 편지의 일종이다. 문자메시지도 편지라고 하면 많은 사람이 고개를 갸우뚱한다. 하지만 문자메시지는 단순한 문자가 아니라 편지 중 내용이 가장 짧고 규격이 정해진 편지다.

편지는 크게 일반편지(일반우편, 편지, 카드, 엽서), 전자편지(전자우편, 이메일), 전화편지(전화우편, 문자메시지)로 구분된다. 따라서 전화우편인 문자메시지도 엄연히 일반우편인 편지나 전자우편인 이메일과 같이 편지의 틀을 갖춘 단문편지다. 좋은 글귀 중에서 가장 짧은 글귀를 아포리즘이라 하듯 문자메시지는 한 화면에 처리 가능한 40글자 안에 모든 내용을 함축할 수 있는 편지 중 가장 짧은 단문편지다.

문자메시지를 전화우편으로 보내는 문자편지로 생각하면서 글귀를 만들고 맛깔스럽게 축약하여 문자를 쳐서 조립해 보내야만 진정성이 어필되고 보낸 효과가 배가된다.

단답형 또는 명령형 문자는 문자메시지로 빵점이다

문자메시지는 단문편지 틀에 담아 보내야만 보내는 사람의 매력과 가치가 더욱 돋보이게 된다. 그 이유는 첫째, 단순히 문자메시지를 보낸다고 생각하면 정성이 묻어나기 힘들다. 단문편지라고 생각하면서 꾸며야 더 신경 쓰게 되고 제 맛이 나 받는 사람에게 더 잘 어필된다.

둘째, 그냥 문자만 보낸다고 생각하면 단답형 문구가 될 확률이 매우 높고 이런 단답형 문구는 일반적으로 성의가 없어 보여 상대방의 마음을 동화시킬 수 없다. 특히 비즈니스의 경우 단답형이나 명령형의 문자는 문자메시지로 빵점이다.

개인적으로 보낼 때도 끝맺는 글의 경우 명령형이나 글꼬리를 흐리는 스타일은 상대방을 기분 나쁘게 할 수 있다. 상대방이 받아볼 때 기분이 좋도록 문자를 단문편지 보내듯 성의 있게 보내는 습관을 들이는 게 중요하다.

문자메시지를 단문편지의 얼개에 맞춰야 효과가 극대화된다

문자메시지의 생명력은 즉시성과 동시에 단문의 전화편지에 전하고자 하는 말을 축약해 상대방에게 감동을 안겨주어 신뢰의 싹이 움트게 하고 상대방을 내 편으로 만들어나가는 데 있다.

따라서 문자메시지를 보낼 때 ① 상대방이 낯선 개인이거나 ② 성별이 다르고 친한 사이가 아니거나 ③ 비즈니스용이거나 ④ 갑과 을의 관계이거나 ⑤ 사회적 지위 또는 나이 차이가 많이 날 경우에는 단짝 친구에게 하듯 허물없이 대화형 문자로 보내면 안 된다.

같은 말이라도 '어'가 다르고 '아'가 다르다고 하듯 똑같은 인사말이라도 문자의 글귀를 어떻게 시작하고 끝맺느냐에 따라 상대방이 받아들이는 느낌은 사뭇 다르다. 또 이는 곧 보내는 사람의 인품과 교양과도 연관된다.

그러므로 문자메시지를 보낼 때는 가장 짧은 편지를 쓴다고 생각하면서 고객에게 어떻게 하면 감동을 줄 수 있을지 모색하고 맛깔스럽게 생각을 축약하여 한 문자의 틀에 담아 전송해야 한다.

특히 전화편지인 문자메시지는 일반편지나 이메일과는 달리 한정된 작은 화면 안에 모든 글자를 수록해야 하므로 의미전달에 지장이 없는 조사나 인사말, 끝맺음 등을 축약해 보내는 기술이 필요하다. 즉 석공이 돌을 다듬어 작품을 만들 듯 불요불급한 말을 줄여 맛깔스럽게 문자 글귀를 만드는 정성과 배려가 묻어나야 상대방에게 더 많은 감동을 줄 수 있다.

비즈니스용 문자는 반드시 단문편지 틀에 담아라

비즈니스용으로 문자를 주고받을 때는 문자메시지를 반드시 단문편지 틀에 담아 띄워야 한다. 비즈니스관계는 보내는 사람이 받는 사람을 항상 신경 써야만 하는 갑과 을의 관계인 경우가 많기 때문에 즉흥적인 대화 형식의 문자메시지는 금물이다. 반드시 정형화된 단문편지 틀에 담아 글을 짜임새 있고 품위 있게 만들어 받는 사람이 다른 사람들이 보낸 문자보다 더 오래 기억하게 만들고 신뢰감이 더욱 강해지도록 만들어야 한다.

그냥 좋은 글귀가 있다고, 괜찮은 이모티콘 조립 문구가 있다고 그대로 따와 대충 보내면 안 된다. 받는 사람에게 어떻게 하면 기쁨과 감동을 선사해주어 엔도르핀이 솟아나게 하고 행복감을 느끼도록 만들어

줄 수 있는지, 또한 오랫동안 내가 보낸 문자를 볼 수 있을지 생각하면
서 온갖 정성을 담아 문자메시지를 만들어 보내야 한다. 지금부터 문자
메시지는 단문편지라는 사실을 명심하고 좋은 글을 찾아서 마음을 담
아 보내보자.

문자메시지의 얼개를 잘 짜 품격을 높여라

사람이 중심을 바로잡아야 바로서고 일의 중심을 잘 잡아야 능률이 올라가듯 문자메시지는 얼개를 잘 짜야만 모양새와 내용이 더욱 빛깔 좋게 보인다.

문자메시지의 얼개를 잘 짜야 품격이 높아지고 잘 어필된다

사람에게 품격이 있듯이 문자에도 품격이 있다. 문자의 품격을 높이려면 얼개를 기품 있게 잘 짜야 한다. 문자의 기본적 얼개가 잘 잡혀야 문자메시지의 생명력이 살고 가치 있는 좋은 문자를, 맛깔스러운 감동문자를 만들어 호소력이 높아진다.

문자메시지는 단순히 문자만 나열한 것이 아니라 단문편지의 일종이므로 품격 높은 단문편지가 되도록 얼개를 잡아야 한다. 문자를 단문편지 틀에 맞춰 구도(layout)를 잘 짜 보내는 것이 보기에도 좋고 고객에게 문자메시지 전달효과를 높이는 데 바람직하다.

동일한 노력과 시간을 들여 문자 글귀를 만들어 보냈을 때 상대방에게 더 좋은 느낌과 신뢰를 안겨주는 문자는 문자얼개를 상대방의 라이프스타일에 맞춰 잘 짜고 기품 있는 글로 꾸민 것임을 명심하자. 문자메시지의 얼개를 잘 잡아 멋진 편지를 만들어 띄워 보내자.

문자메시지의 틀을 보기 좋도록 멋지게 구성하라

필자는 문자메시지를 보낼 때 가장 먼저 머릿속으로 상대방의 마음과 현재 상황을 그리며 SMS로 보낼 것인지 MMS로 보낼 것인지 정한 후 문자 글귀를 만들고 난 다음 문자 얼개를 보기 좋게 축약하고, 가다듬고, 이모티콘을 조합하여 맞춤 형식으로 보낸다.

문자메시지의 글자 수는 정형화되어 있다. SMS는 한 화면에 한글기준 가로 8글자, 세로 5글자 총 40글자만 들어가므로 이를 넘어서는 장문문자는 일단 전송한 다음 다른 화면을 만들든지 문자 MMS로 전환해야 한다. 따라서 문자 글귀를 창의성을 발휘하여 축약하고, 자간을 잘 조정하여 문법에 안 맞추어도 그 의미가 퇴색되지 않고 살아날 수 있는 방법을 모색해야 한다.

실제로 문자를 보낼 때 자간을 맞춤법에 모두 맞추어 보내는 경우는 극히 드물다. 그 이유는 가로글자 수가 8자로 몇 글자 안 되므로 글자를 모두 붙여도 글의 의미를 누구나 알 수 있을뿐더러 불편함을 못 느끼고, 읽는 데 별다른 영향을 주지 않기 때문이다. 짧은 글귀를 붙여 사용하더라도 얼개를 잘 맞추면 의미 전달에 지장이 없다.

따라서 한글 40글자 안에 단문편지로서 갖추어야 할 서론과 본론, 결론이 모두 함축되도록 잘 꾸며야 한다. 그리고 자간을 모두 붙여도 보는 사람이 전혀 불편함을 느끼지 않도록 문자글을 만들고, 문자메시지가 더 잘 어필되도록 문자글 앞뒤 또는 중간에 적당한 이모티콘을 감칠맛 나게 넣어 문자로서의 틀을 보기 좋게 만들어야 한다.

문자 글귀는 보는 사람의 시각적 효과와 가독률을 고려하여 한 화면에 나타나도록 만드는 것이 가장 효과적이다. 그러나 부득이 장문문자로 보내야 할 때는 문자 MMS로 처리하는 것이 바람직하다.

문자 글귀는 최대한 아름답게 가다듬고 축약하여 짧은 글귀에 전하려는 내용이 많이 함축되게 만들어야 한다.

문자글은 기본적으로 감성문자 형식을 취하라

문자글의 기본 형식은 상대방에게 자신의 심정과 생각을 가장 잘 어필할 수 있도록 감성문자로 다듬는 것이다. 이를 바탕으로 문자메시지의 쓰임새에 따라 차별화해 보내는 솜씨를 발휘하는 것이 중요하며 그래야 문자전송효과가 더욱 극대화된다.

단, 감성문자를 사용할 때에는 자신의 마음이 아닌 상대방의 마음을 혜량하면서 보내는 마음 씀씀이가 중요하다. 나의 기쁨이 아닌 상대방의 기쁨과 행복을 위해 엔도르핀이 솟아나도록 만들어주는 문자 글귀여야 한다. 감성문자는 반드시 상대방을 위해 문자를 보낸다는 사실을 늘 유념하면서 문자 글귀를 가다듬고 글에 생명력을 불어넣어야 한다.

문자 글귀는 보기 좋게 윤문하고 최대한 축약하라

문자메시지는 아포리즘과 같은 의미로 보내야 한다. 아포리즘이 짧은 글귀 안에 모든 내용이 함축되어 있듯이 문자메시지 또한 보내는 사람의 마음과 보내는 목적이 저절로 우러나오도록 둔자 글귀를 다듬고 꾸며야 한다. 따라서 글의 의미전달에 별다른 영향을 미치지 않는 조사와 숨표, 쉼표 등은 생략하고 맞춤법에 구애받지 않으면서 함축된 글귀를 만들어야 한다.

또 문자메시지는 가능한 한 부드럽게 마주 대하면서 이야기를 살갑게 하는 것처럼 품격 있는 말로 상대방을 사로잡듯이 인품을 높이는 글로 축약해 꾸며 하고자 하는 말을 정성을 담아 보내야 한다. 좋은 문자를 만들어 보내려면 문자 글귀의 내용을 짧고 함축성 있게 표현하는 방법을 터득하는 기술과 마음 씀씀이가 매우 중요하다. 그리고 문자 글귀는 가능한 한 윤문처리하면서 최대한 축약해야 빛이 난다.

편지체의 글이 아닌 구어체 글을 축약해 활용하라

문자를 단문편지의 틀에 담되 글귀는 편지체로 쓰면 안 된다. 문자메시지는 글자 수 조절이 매우 중요하므로 구어체로 시작해서 끝맺음해야 한다. 단, 구어체를 사용한다고 해서 너무 허물없는 일상 언어를 마구 쓰면 큰 실례가 되므로 고품격의 대화체로 만들어야 한다.

예를 들어 평상시 자주 대하는 사람과 인사할 때 존칭어를 써야 할 경우 편지체(문어체)같이 '안녕하십니까? 김동범입니다' 라고 표기하기보다는 '잘 지내지죠?' 라고만 표기해도 된다. 마무리 인사 또한 '~하시기 바랍니다' 보다는 '~하(시)길, ~하세요' 로 축약하여 끝맺는 것이 더 바람직하다.

하지만 만날 기회가 별로 없거나 가끔 만나는 웃사람이나 어른에게는 구어체 글보다는 편지체 글이 바람직하다. 즉 '~합니다, ~바랍니다' 라는 말은 '~하세요' 보다는 좀더 오랜 동안의 안녕을 내포하고 있기 때문에 '~하세요, ~되세요' 보다는 '~하기 바랍니다, ~가꾸시기 바랍니다, ~만드시기 바랍니다' 등 존칭어로 하는 것이 바람직하다.

문자 보낼 때 자주 틀리는 오자를 주의하라

'있습니다, 있으세요' 를 문법을 잘 몰라 '잇습니다, 잇으세요' 로 표기한다거나 문자 끝인사로 '잘 보내. 잘 지내' 라고 해야 하는데 '잘 보네, 잘 지네' 라고 보내는 경우가 많다. 이는 축약문자나 애교문자가 아니라 맞춤법이 틀린 오류문자이므로 문장이 좋아도 상대방에게 인품 있게 보이지 않는다. 이런 문자를 받으면 왠지 상대방이 성의없게 보이고 문자내용에 대한 진정성도 의구심이 일렁인다. 따라서 문자는 맞춤법에 맞게 잘 찍어 보내야 한다.

아무리 바쁘더라도 보내기 전에 문자 글귀를 다시 한 번 살펴보면서 가다듬는 애씀의 흔적이 묻어나야 문자의 가치가 있다. 단, 아주 가까운 사이에 애교스럽게 하려고 일부러 보내는 애교문자는 예외다.

문자메시지의 틀을 보기 좋게 잘 만들어 띄워라

문자메시지 화면을 어떻게 디자인할지를 염두에 두면서 문자 글귀를 만들어나간다.

문자메시지 화면을 잘 꾸며라

문자메시지를 보내려고 단문편지 틀에 담아 이모티콘도 사용하여 잘 만들었는데 막상 글자 수가 40~45자 정도로 많아 두 화면으로 처리하거나 MMS로 전환하는 문제를 간혹 고민하는 경우가 있다. 다른 화면으로 넘어가면 요금도 비싸질뿐더러 상대방이 보는 데도 불편하고 신경이 쓰인다.

그렇다고 줄이려니 마땅히 줄일 글이 없을 때는 띄어쓰기를 하지 말고 자간을 모두 붙여 보낸다. 하지만 문자를 처음 보내는 낯선 사람에게는 이렇게 하지 않으며 평소 잘 알고 지내는 사이에 활용하는 것이 예의다. 한 화면에 보내고 싶은 문자 글귀가 모두 들어갈 경우에는 맞춤법에 맞게 보낸다.

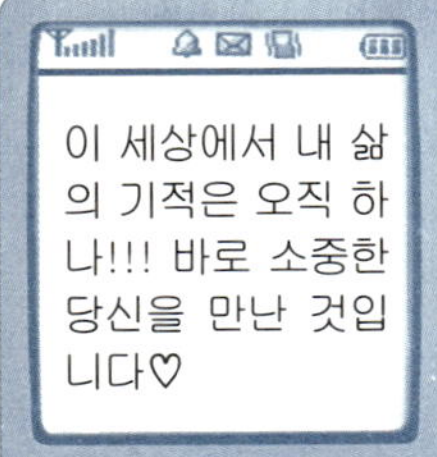

두 화면으로 처리되는 문자는 SMS보다는 MMS로 보내라

문자글을 만들다 보니 어쩔 수 없이 한 화면이 넘을 경우 문자 MMS 기능이 있는데도 두 화면으로 나누어 보내는 사람이 있다. 일반적으로 사람들은 문자메시지를 문자 MMS로 보내는 것보다 단문 SMS로 보내는 것이 더 경제적이라고 생각한다. 이는 문자를 한 통만 보낼 때는 맞는 말이다.

그러나 2통 이상 보낼 경우에는 그렇지 않다. 통신사에 따라 다소 차이가 있지만 SMS는 20원, MMS는 장문문자는 한글 기준 1,000자(2,000바이트)까지는 30원, 컬러메일은 100원 정도 한다. 휴대전화 문자는 1,000자 이상은 시스템상 지원되지 않는다. 따라서 문자메시지를 두 화면으로 나누어 보내기보다는 MMS로 전환하여 보내는 것이 경제적이다. 문자용량이 80바이트(한글 40자)를 넘어가면 자동으로 MMS로 변환되어 전송된다.

특히 상대방에 대한 배려, 경제적 이익, 보낼 때 편리함 등을 생각한다면 MMS로 보내야 한다. 장문문자는 가독성과 경제성을 고려하여 MMS로 보내라.

문자 맺음글을 예쁘고 깔끔하게 처리하라

문자의 맺음글은 상대방에게 문자 글귀에 대한 이미지 효과를 높여주면서 더 많은 잔상효과를 가져다준다.

맺음글은 문자메시지의 이미지 전달효과를 높여준다

문자를 보낼 때 맺음글을 어떻게 처리하는가에 따라 받는 사람의 기분이 달라질 수 있다. 맨 처음 시작은 잘했는데 맺음글이 시원찮으면 받는 사람 마음 또한 시원찮다. 용두사미가 되지 않도록 시종일관 문맥의 흐름을 잘 가다듬어 마무리해야 한다.

예를 들어 비즈니스 차원에서 문자메시지를 보낼 때 맨 끝문장은 '~하시길~, ~되길…'의 끝맺음보다는 '~하세요, ~되세요, ~되(시)기 바랍니다' 등으로 깨끗하게 마무리하는 것이 바람직하다. 특히 '되(하)세요'라는 끝맺음 인사글은 문자메시지 맺음글로 보편화되는 추세이므로 남성의 경우에도 편지체 형식인 '~하(시)길 바랍니다, 하십시오, 되십시오' 등 다소 딱딱한 맺음글보다는 '~하세요, ~되세요' 등 부드러운 맺음글로 표기하고 편안함을 주는 미소 이모티콘을 붙여 사용하는 것이 더 좋다. 또 가까운 사이일 경우에는 애교스럽고 친근감있게 '~되삼, ~하삼, ~보내삼'으로 표기해도 좋다.

단, 부모 연령대의 연상에게는 명령조의 맺음 인사인 '하(되)세요'보

다는 '하(시)기 바래요, 되(시)기 바랍니다'로 글을 맺는 것이 상대방에
대한 예의다. 만약 문장이 길어 다른 화면으로 전환될 것 같으면 '~하
시기 바랍니다'를 '~하세요'로 바꾸어도 무방하다(단, 처음 상대하는 웃
어른께는 다른 문구를 줄이고 존칭어를 붙인다).

인사 맺음글이 길 경우에는 축약해 보내라

그리고 '보내세요'보다는 '되세요'라고 표기하는 것이 더 바람직하
다. '보내세요'는 그렇게 하라는 메시지의 전달이다. 따라서 상대방의
의지가 뒤따라야 한다. 그러나 '되세요'는 반드시 그렇게 되도록 해달
라는 보내는 사람의 바람이 저절로 엿보이는 간곡한 주문형 메시지이
기 때문에 상대방의 마음에 더 잘 어필된다.

또 '되(시)길'이라고 문자 끝맺음을 할 때는 상대방에게서 문자가 와
답신할 때 또는 자주 만나는 사람, 격의 없이 지내는 사이, 친구지간인
경우 활용하면 좋다. 또는 여운을 남기고 싶을 경우나 글자가 많아 단
축 글을 쓸 경우 사용한다.

상대방과의 관계가 애매하거나 소원한 관계 또는 다소 낯선 사람일
경우, 아랫사람일 경우 활용하는 것도 바람직하다. 특히 문자글이 '되
길 바랍니다'라고 할 때 MMS로 처리될 것 같은 경우에는 사용해도 좋
다. 하지만 부모님과 같은 연배의 웃어른이나 존경하는 사람에게는 사
용하면 곤란하다.

문자메시지는 POP를 작성하듯 정성을 다해 만들어라

문자메시지는 보내는 사람의 인품을 드높여주는, 즉 지레 작용을 하여 새로운 연줄을 잇게 해주는 일종의 POP(Point Of Purchase Advertising)라 할 수 있다. 따라서 보내는 바로 그 시점의 상대방 반응이 좋아야 한다. 광고에서 문안(copy) 작성이 중요하듯 문자메시지의 포인트는 생명력이 숨쉬는 맛깔스러운 문구를 작성하는 것이다.

시의적절하게 보내는 감동어린 문자메시지 한 통에 행복바이러스가 묻어나게 해야 한다. 상대방을 배려하며 엔도르핀을 솟게 만드는 짧은 문자 글귀 하나가 상대방의 기분을 풀어주고 마음을 편안하게 해주며 행복감을 안겨준다. 좋은 글로 아름답게 꾸며진 문자는 아무리 되풀이하여 보아도 늘 새로운 느낌을 간직하게 한다. 따라서 POP를 작성하듯이 받아보는 사람이 좋아하도록 좋은 말의 표현력(wording)을 발휘해 감동의 명품 문자 글귀로 가다듬고 정성을 기울여 열정과 지혜를 담아 만들어야 한다.

마음이 우러난 진정성이 보이는 감동 글귀를 만들어라

문자메시지를 보낼 때는 한 문장이라도 상대방의 가슴을 적시고 감동을 주는 문구를 만들어 띄워야 감정이입이 되어 문자를 보낸 효력이 발생한다. 정성이 들어가지 않은 문자메시지는 상대방에게 감동은커녕 보낸 가치와 의미를 상실하게 만들어 저절로 사장되므로 진정성이 묻어나도록 만들어 띄워야 한다.

따라서 어떻게 하면 상대방에게 더 잘 어필할 수 있을지 생각하면서 단순히 문자를 보내는 것이 아니라 단문편지의 틀에 맞춰 정성을 들여 신경을 쓴 흔적이 보낸 문자에 묻어나도록 만들어야 한다. 그러면 상대방은 정성과 진정성이 깃든 문자메시지에 감동하고 신뢰의 답신을 저절로 하게 된다. 이것이 좋은 인맥을 형성하는 비결이다.

문자전송효과를 극대화해주는 명품글귀를 찾아 꾸며라

사람은 누구나 자기에게 관심과 배려를 보이면 고마워하는 것이 인지상정이다. 따라서 이런 심리를 알고 일상적으로 문자메시지를 보낼 때 그 사람이 가장 좋아하는 단어 또는 아름다운 글귀를 골라 그것을 토대로 일상의 현상을 대비시켜 명품글귀를 만들면 매우 잘 어필되고 감동을 안겨주어 효과가 금방 나타난다.

기쁨, 행복, 친밀함, 감사, 미안함, 축하, 격려, 기원, 하루 인사 등 다른 사람에게 진심을 담아 전해야 하는 소재에 가장 잘 어울리는 좋은 말, 아름다운 말을 찾아 문자글을 다듬어야 감동문자가 탄생된다. 예를 들어 문자메시지를 꾸밀 때 아래와 같은 글을 문자로 띄워 보내면 마음이 절로 따뜻해져 상대방에 대한 관심도가 높아 큰 효과를 볼 수 있다.

문자메시지 전송효과를 극대화해주는 짧고 좋은 글귀

식사 맛있게 했어요? ○○님의 모습처럼 예쁘게 지내세요. 고맙습니다. 감사합니다. 힘내세요. 기도해드릴게요. ~하길 기도드려요(기도합니다). 건강 조심하시기 바랍니다(건강 조심하세요). 환절기 감기 조심하세요. 날씨가 쌀쌀해요. 건강 잘 챙기세요. 비가 온답니다. 우산 꼭 갖고 가세요. 황사가 심하네요(꽃가루가 너무 많이 날리네요). 나가실 때 마스크 꼭 하세요. ○○님을 위해서 기도합니다. 오늘 하루도 행복하시라고… 파이팅^_^. 언제 봬도 참 아름다워요(여자), 멋있어요(남자). 날씨가 쌀쌀합니다(춥습니다). 잘 챙겨 입고(따스하게 입으시고) 외출하시길 바랍니다. 복 많이 받으세요. 고운 모습 닮은 고운 하루되세요. 오늘 꼭 행복해야 해요^^. 오늘 좋은 일이 생길 것 같은 예감입니다. 멋진(아름다운, 매력있는) 모습 꼭 보여주세요. 고운 흔적 남겨주셔서 고맙습니다. 정말(최고로) 행복하셔야 해요~꼭^^. 행복한 마음만 깃드세요. 기분 좋은 날 되세요. 정말 반갑고 기쁩니다. 따스한 마음처럼 행복하세요. 마음 담아 바랄게요(기도합니다). ~하시길 소망합니다. 방그리^^ 고운 미소만 깃들길… 좋은 일만 많이 생기는 하루되세요. 최고로(가장) 기분 좋은(행복한) 날 되길 바랍니다. 좋은 일 많이 생겨 가장 행복한 날 되세요. 제일 큰 행복 누리는 기쁜 하루되삼^^. 행복한 시간만 되세요. 행운의 여신과 함께하는 복된 하루되세요^^. 하는 일마다 좋은 성과 이루는 즐거운 날 되셈^^*. 이 세상 모든 행운 다 안는 기쁜 하루되서요^^. 행복한 시간 안에만 들어가세요^^. 좋은 일만 생겨 운수대통하세요. 보람짱, 기쁨짱, 행복짱의 하루되세요^^. 기쁜 일만 생기는 화통한 날 되세요. 행운의 여신과 함께하는 축복의 날 되삼^^. 어제보다 두 배로 행복한 오늘 되세요*^^*. 행복꾸러미 가득 안고 화려하게 귀가하세요^^. 행복에 젖어드는 좋은 하루되삼*^^*. 행복한 미소만 머무는 고운 하루되셈^_^. 함박 웃음꽃 피우는 행복한 날 되세요. 방그리^_^

사람들이 좋아하는 말 중 문자메시지에 적합한 글귀(단어)

명사	행복, 복, 건강, 즐거움, 사랑, 기쁨, 축복, 향기, 향내, 축하, 명랑, 명품, 매력, 최고, 진실, 인연, 빛, 감동, 기분, 설렘, 희망, 활력, 으뜸, 마음, 정말, 생각, 부자, 돈, 웃음(꽃), 미소, 추억, 햇살, 감사, 행운, 인연, 만남, 맛남, 감사, 마음, 선명, 풍경, 경치, 한아름, 선물, 파이팅, 아자, 빠샤, 소식, 발전, 성공, 승진, 결실, 열매, 쉼터, 풍요, 꽃. 빛깔, 힘, 생각, 마음샘, 시간, 정, 날개, 하늘, 음성(목소리), 커피향, 건안, 평안, 여운, 탁월, 선택, 느낌, 활동, 일, 간직, 유의, 조심, 기분, 뭉클, 가슴, 선명, 기쁨, 보람, 무탈, 은혜, 충만, 매혹, 느낌, 출발, 으뜸, 평온, 부러움, 한자락, 이슬, 감상, 여운, 심정, 최선, 빛깔, 선사, 기도, 기원, 소망, 가슴 등
형용사	기쁜, 소중한, 예쁜, 즐거운, 행복한, 고운, 아름다운, 멋진, 좋은, 따스한, 따뜻한, 화사한, 화창한, 싱그러운, 설레는, 가득한, 그리운, 보고픈, 생각나는, 사랑하는(사랑스러운), 어여쁜, 귀여운, 청초한, 푸른, 여울지는, 깃드는, 물드는, 머무는, 청명한, 화창한, 상쾌한, 유쾌한, 알뜰한, 살가운, 넘치는, 많은, 감미로운, 건강한, 튼튼한, 깊어가는, 활발한, 푸(포)근한, 담아낸, 머금은, 활기찬, 싶은, 맑은, 달콤한, 정겨운, 피어나는, 가득찬(한), 감미로운, 깊은, 붉은, 울리는, 진실한, 차분한, 정겨운, 친한, 뽀송한, 편(평)안한, 넉넉한, 화려한 등
부사어	가장, 진짜, 매우, 많이(마니마니), 몹시, 듬뿍, 항상, 늘, 꼭, 정말(로), 언제나, 진정으로, 예쁘게, 오직, 오로지, 가득히, 최고로, 어쩜, 특별히, 아름답게, 너무도, 그리도(잘해), 좋아(서), 사랑스럽게, 만땅(으로), 함빡, 환하게, 조화롭게, 듬뿍, 맞갖게, 진심으로, 향긋하게, 부드럽게, 맛깔스럽게, 맑게, 포근히, 흠뻑, 참으로, 마음깊이, 찡하게, 머물며, 흔들리게, 새겨, 자주, 곁으로, 분명, 푹, 담아, 이렇게도, 시원스럽게, 고이, 최고의, 어우러지게 등
단문장	보고 싶어(다), 사랑해, 좋아해, 축하해, 기뻐해, 그립다(그리워), 최고야, ~뿐이야, 생각할게~, 대단해, 내가 있잖아~, 걱정 매!, 해줄게, 기도할게, 공주 같은, 왕자님 같은, 정말 좋아(다), 고맙습니다, 감사합니다, ~만큼(처럼) 행복하세요, 고운 모습과 잘 어울리네요, 너무 멋집니다, 최고로 행복한 하루, 넘~아름다워요, 젖어보고 싶다 등
은유법	꽃보다 더 예쁜(아름다운), 꽃보다 더 향기로운, 눈보다 더 하얀 마음, 햇살보다 더 맑은, ○○보다 더 매력적인, ○○보다 더 아름다운, 별보다 더 빛나는, 하늘보다 더 맑은(고운), 바다보다 더 넓은, 눈보다 더 흰, 햇살보다 더 포근한, 보석보다 더 귀한, 진주보다 더 영롱한, 단풍보다 더 고운 등

그냥 허물없이 대화형으로 주고받는 문자가 아닌 이상 모든 문자는 반드시 자신의 이미지를 고양하는 방향으로 글을 만들고 문자전송의 기본적인 예의범절을 지켜야 한다.

단체로 보낼 때는 받는 이의 입장을 생각하며 보내라

문자메시지를 보낼 때 가능하면 고객 개개인의 라이프스타일 및 특성과 성향을 고려하여 따로 보내야만 고객의 마음을 동화시킬 수 있다. 따라서 단체로 보낼 때는 성별, 성향, 친숙도 등을 파악한 다음 신중히 생각하여 그룹별로 따로 나누어 보내는 것이 좋다.

단체로 보내는 동보전송 문자일 때 인터넷을 통해 문자메시지를 보내는 웹투폰(Web to Phone)을 이용할 경우 보내는 사람들의 성향에 맞게 구분하여 보내는 센스가 필요하다. 특히 남이 활용하던 문자메시지는 참고는 하되 그대로 활용할 생각일랑 아예 하지 말아야 한다. 자칫 잘못하면 그대로 눌러 보낼 수도 있기 때문이다. 그러면 신뢰는 그 순간 금이 간다.

보낸 문자 중 괜찮은 것은 대부분 휴대전화가 컴퓨터와 연동되도록 프로그래밍되어 있으므로 다운받아 저장한 다음 재가공해 활용하는 것이 좋다. 그리고 설, 추석 등 고유명절 때는 문자메시지가 폭주해 제시간에 도착하지 않을 수도 있으므로 예약발송을 하는 것이 바람직하다.

비즈니스 문자는 반드시 기본 예의를 지켜라

비즈니스로 문자를 보내는 것은 일반문자와는 특성이 사뭇 다르므로 더 신중해야 한다. 이 경우에는 반드시 ① 고객에게 엔도르핀을 선사하는 문자, ② 고객에게 이익이 되는 문자, ③ 고객이 기뻐하고 감동할 수 있는 문자, ④ 고객을 행복감이 들도록 하거나 또는 행복하게 해주는 문자, ⑤ 고객에게 고맙다는 인사를 받을 만한 문자, ⑥ 고객이 주위 사람들에게도 권장할 만한 문자, ⑦ 고객이 두고두고 볼 만한 가치가 있는 문자 등 구비조건을 두루 갖추어야 한다.

따라서 반드시 고객의 입장을 혜량하면서 진정성 있게 문자메시지를 만들고 보내야 한다. 협조 또는 부탁 형식의 문자메시지 전송의 경우에도 상대방의 안녕인사와 행복인사가 우선이다. 특히 명령조 문자메시지는 보내면 안 된다. '문자메시지로 연락바랍니다' 라고만 달랑 보내면 상대방에게 크게 실례하는 것이다.

문자메시지를 받으면 곧바로 답신하라

문자메시지에서 상대방이 답신을 요구하는 경우에는 곧바로 답신하는 것이 예의다. 문자를 보낸 당사자는 문자메시지 내용의 경중에 따라 시급을 요하는 경우 또는 꼭 답신을 받아야 할 성격일 경우에는 '문자 답신이 언제 올까?' 노심초사하며 기다릴 수 있다. 답신이 안 오면 그것에 신경이 쓰여 다른 일이 잘 안 될 때도 있다.

아무리 바빠도 답신할 시간은 있다. 문자를 보낸 사람으로서는 전화로 얘기할 성격이 아니거나 피치 못할 상황 또는 사정이 생겨서 문자를 띄우는 것이므로 반드시 답신을 해주어야 한다. 그러면 상대방은 배려하는 마음 씀씀이에 고마움을 더 표하게 된다.

특히 비즈니스에서 고객이 문자를 보냈을 경우 답신은 기본 예의다. 만약 답신하지 못하는 상황일 경우 또는 답신하기 곤란한 사안일 경우에는 간단하게라도 '지금 교육(상담, 회의, 운전) 중입니다.' '지금 병원입니다' 라고 보내든지 운전 중이라 답신하기 힘들 때는 음성메시지를 간단히 남기는 것도 좋다. 답신요구 문자의 경우 문자를 받자마자 바로 답장을 보낸다.

문자메시지는 만남을 이루기 위한 사전 포석임을 잊지 말자

문자메시지를 이용해 의사소통하는 것은 전화통화로 남을 방해하지 않으려는 현대인의 심리가 반영된 대표적인 예다. 따라서 일방적인 소통 방식인 문자메시지 전송은 오히려 상대방에게 나쁜 인식과 감정을 심어주어 관계를 소원하게 만들 수 있으므로 각별히 조심해야 한다.

문자메시지는 어디까지나 좋은 만남을 이루기 위한 사전 포석이라는 점을 명심해야 한다. 문자메시지는 인간관계를 친밀하게 만들고 올바로 유지하기 위한 디딤돌이다. 따라서 더 좋은 만남이 잘 이뤄지기 위해서는 문자보다는 통화가, 통화보다는 직접 만남이 더 중요한 커뮤니케이션 수단임을 유념해야 한다.

문자메시지를 활용할 때 지켜야 할 에티켓 12가지

1. 상대방에게 좋은 인상을 심어줄 수 있도록 정성들여 문자글을 쓰고 다듬는다.
2. 신분은 간단한 인사말과 더불어 문자 서두에서 밝힌다. 잘 아는 사람은 자신의 신분을 명시하지 않아도 되지만 상대방이 내 전화번호를 아직 저장해놓지 않았다면 누가 보냈는지 당연히 알 도리가 없으므로 특별한 사이가 아니라면 무조건 신분을 명시하는 게 도리다.
3. 단문편지가 한 화면에 다 안 들어갈 때는 축약하면서 띄어쓰기 자간을 모두 좁히더라도 의미전달이 괜찮으면 한 통으로 전송한다.
4. 답신을 요구하는 문자메시지는 상대방과의 관계와 사정을 고려하여 신중히 보낸다. 상대방이 기분 나빠 할 수도 있고 부담스러워할 수 있기 때문에 자칫 역효과가 날 수 있다.
5. 이모티콘을 사용하여 MMS로 전환될 경우 이모티콘을 빼도 의미전달에 부족함이 없으면 삭제한 후 전송한다. 또 문장이 길어 한 화면에 안 들어가면 마지막 문구의 인사말을 간추려 보내는 방법도 생각해본다.
6. 비즈니스용은 받는 사람의 가족이나 연인이 보더라도 오해가 없도록 품격 있게 만들어 보낸다.
7. 문자글을 다시 한 번 살펴보고 오탈자와 문구 내용, 이모티콘의 배치 상태를 확인한다.
8. 꼭 필요한 경우에만 시기적절하게 보내 문자전송효과를 높인다. 중요한 사항이 아니면 아침 출근하기 전 또는 퇴근 후에는 가급적 보내지 않는다. 친한 사이라 하더라도 저녁 늦은 시간에는 보내지 않는다. 특히 고객이 집에서 가족과 함께 여유롭게 지낼 때 비즈니스 목적으로 보내는 것은 실례다.
9. 자녀에게 명령조 문자를 보내지 않는다. 명령하는 투의 문자는 자녀와 속 깊은 대화를 시도하는 것이 아니라 오히려 자녀의 마음을 달아나게 하는 간섭 문자가 될 수 있다. 가까운 손아랫사람에게도 마찬가지다.
10. 전송하기 전에 반드시 상대방 전화번호를 다시 한 번 확인한다(답장으로 보낼 경우에는 상관없지만 메시지 보내기 버튼을 눌러 문자를 보낼 경우 간혹 착오가 생길 수 있다).
11. 문자 보낼 때 문자가 씹히지(?) 않도록 받는 사람 번호를 다시 확인한다.
12. 보낸 문자는 저장하여 나중에 유용하게 활용한다.

02

만남을 맛남으로 이어주는
마법의 감동문자메시지

곱게 띄운 감동어린 문자메시지 한 통이 우연의 만남을 필연의 맛남이 되도록 디딤돌이 되어준다.
―김동범―

문자메시지는 만남을 맛남으로 이끄는 최고의 터치 툴

사람은 다른 사람과의 만남으로 완성되는 미완성의 존재

사람은 한자 인(人)이 의미하듯이 혼자서는 살아갈 수도 행복할 수도 성공할 수도 즐거울 수도 없는 형이상학적 존재다. 모든 일이 사람과 사람의 화학적 또는 물리적 조합에 따라 성과물이 나타난다. 그래서 개인이든 단체이든, 사적이든 공적이든, 비즈니스든 세일즈든 사람과의 만남이 매우 중요하다. 만남은 인생의 모든 것을 결정하기 때문이다.

사람은 다른 사람과의 만남으로 완성되는 미완성의 존재이므로 완전한 인격체를 형성하려면 전 인생에 걸쳐 반드시 좋은 만남을 만들어나가야 한다. 그것이 혈연이든, 이성지간이든, 우정이든, 비즈니스든, 공적이든, 사적이든 만남이 영속적이고 좋은 인연이 움틈으로써 사람의 운명과 일의 성패가 귀결된다.

문학자요 의사이자 노벨상 수상작가인 독일의 카로사(Hans Carossa, 1878~1956)가 '인생은 너와 나의 만남이다'라고 했듯이 만남 자체가 인생이라 할 수 있다. 산다는 것은 누군가를 만난다는 것이다. 인간은 혼자서 살아갈 수 없는 존재인 까닭에 누구를 대하든 사람과의 만남은 숙명이다.

문자메시지는 좋은 만남을 잇게 만드는 전령사

우리 인생은 만남의 연속이므로 만남을 통해 삶이 변화된다. 모든 일들 또한 사람과의 직간접적인 만남을 통해 성사되므로 좋은 만남을 지속적으로 만들어가기 위한 노력이 필요하다.

특히 대부분의 만남의 종착점이 1 : 1 만남으로 그 결과물이 형성되므로 두 사람이 서로 맞갖게 만나 대화를 이어가고 그 안에서 상호 신뢰를 찾고 친숙도를 높여 더 좋은 관계로 지속적으로 발전해 나가는 성숙의 과정은 매우 중요하다.

그런 관점에서 볼 때 문자메시지는 개인과 개인, 이성간, 지인간 그리고 고객과 비즈니스맨(세일즈맨)의 좋은 만남을 이끌어 인연의 굴레를 낳는 소중한 맛남을 이끌어내는, 즉 서로 마음을 열어주는 전령사 역할을 해준다. 살가운 단문의 전화편지 한 통이 상대방을 내편으로 만드는 시발점이 되므로 어떻게 하면 좋은 만남을 이끌어낼 수 있는지 강구하면서 문자메시지를 단문편지의 틀에 담아 보내는 정성을 쏟고 아름다운 문구를 만드는 데 마음을 기울여야 한다.

문자메시지는 좋은 만남을 잇게 해주는 가장 좋은 터치 툴

모든 인간관계는 내가 남에게 베푼 만큼 내게 다시 돌아오는 이른바 황금률에서 시작해 황금률로 끝난다. 따라서 좋은 만남을 이끌어가려면 자신이 먼저 상대방에게 살가운 터치를 해야 한다.

만난 후 상대방을 터치하는 방법에는 전화와 편지, 이메일, 문자메시지 그리고 제3자를 통한 연락 등이 있는데 이 중 가장 신속 정확하게 그리고 상대방에게 부담을 안 주면서 내 마음을 곧바로 잘 전달할 수 있는 최고의 방법이 바로 문자메시지를 보내는 것이다.

문자메시지는 우연히 또는 의식적으로 이루어진 만남을 필연적인 맛남이 되도록 이끌어가는 가장 좋은 터치기술이다.

만남 후 반드시 상대방에게 칭찬의 문자를 띄워라

만남은 시작도 중요하지만 아름다운 관계를 유지해갈 때 더욱 좋은 만남이 된다. 특히 첫 만남 후 상대방과의 살가운 터치는 문자메시지를 활용하는 것이 효과가 가장 좋다.

법정스님이 '진정한 만남은 영혼의 진동이 있는 상호간의 눈뜸' 이라고 말했듯이 만남이 한때의 마주침으로 끝나는 것이 아니라 계속하여 좋은 만남으로 잇게 하기 위해서는 만나는 순간 좋은 인상을 심어주는 것도 중요하지만 헤어진 후 곧바로 문자메시지를 보내 상대방에게 만남의 순간 느꼈던 감정을 솔직하게 토로하는 것도 중요하다. 이 경우 진정성 있는 마음의 울림이 상대방에게 전해지도록 문자 글귀를 정성을 다하여 맛깔스럽게 꾸미는 것이 기본이다.

우연을 인연으로 만들어 나가려면 자기 자신의 노력과 소망이 함께 잘 어우러져나가야 가능한데 문자메시지가 하나의 징검다리 역할을 해준다.

조엘 오스틴(Joel Osteen)이 '칭찬과 격려는 사람들을 힘나게 하는 가장 좋은 묘약' 이라고 했듯이 문자글은 호감형 답장을 받을 수 있도록 상대방을 치켜세우는 칭찬글귀로 꾸미되 가식이 아닌 진정성이 담겨 있어야 한다.

만남 후 보내는 문자의 타이밍을 잘 잡아라

만남 문자는 헤어지고 난 뒤 보내는데 비즈니스였을 경우에는 곧바로 띄우는 것이 좋고 사적인 만남이었을 경우에는 헤어지고 나서 30분 후가 적당하다. 이성끼리 사랑의 감정이 싹트는 과정에서는 곧바로 띄우는 것이 좋고 소개팅일 경우에는 약간 여운을 주는 의미에서 1시간 정도 후 또는 저녁 무렵에 보내는 것이 가장 효과적이다.

만날 사람들에게 더 매력적으로 보이기 위해 옷맵시를 가다듬듯이 마음의 화장을 곱게 한 후 만남이 이뤄진 다음 정성들여 명품글귀를 만들어 감동이 뭉클 솟아나는 문자메시지를 띄워보자.

만남이 맛남으로 이어지도록 만드는 멋진 명품문자를 만들자. 만남이 이루어졌을 때 상대에게 호감형 답장을 받아낼 수 있는 문자메시지를 보내 상대방의 마음을 단번에 사로잡아 보자. 마음의 화장을 한 후 감동문자를 만들어 만남을 좋은 인연을 낳는 맛남으로 이끌자.

만나기 전 띄워 멋진 만남을 낳게 만드는 감동문자

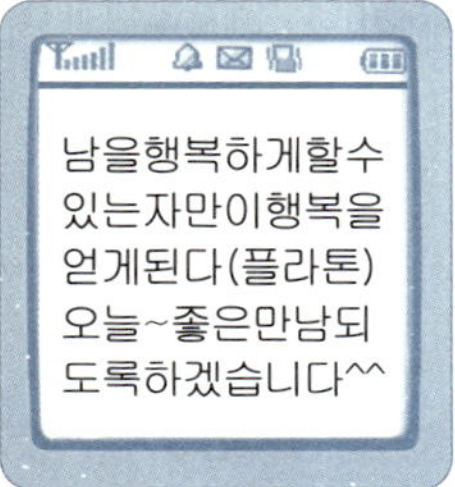

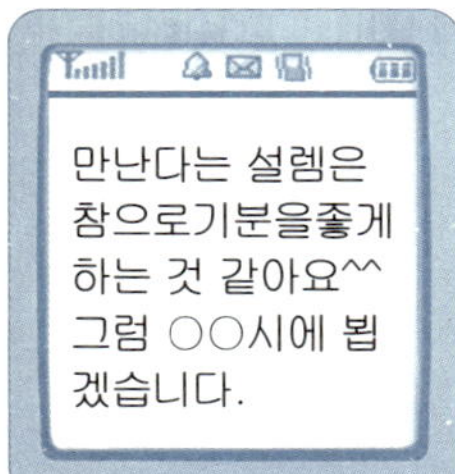

- 우리의 만남은 기쁨입니다. 축복입니다(용혜원). 오늘 이런 만남 기대합니다^^

- 오늘 만나는 사람을 따뜻하게 대하라(토머스 칼라일). 오늘 좋은 만남 기대합니다^^

- 만날 수 있다는 기쁨은 참으로 기분 좋게 하는 것 같아요. ○○시에 뵙겠습니다.

- 오늘 만날 사람을 기쁘게 해주기 위해서 곱게(예쁘게, 아름답게) 마음의 화장을 해봅니다^^

- 오늘 ○○님과의 좋은 만남으로 행복이 무르익는 좋은 날 되길 기대합니다^^

- 진실한 만남은 삶의 좌표도 바꾸어놓는다는데~그런 만남 갖고 싶습니다.

- 저는 ○○님에게 지우개 같은 사람이 아닌 손수건 같은 사람이 되겠습니다^-^

- 오늘 만나는 분에게 작은 미소 줄 수 있도록 기억에 남는 만남이면 좋겠습니다^^

- 오늘 왠지 좋은 일이 생길 것 같은데 ○○님 만나는 날이라 그런가 봐요^^

오늘 ○○님과의 만남이 유익함을 나누는 행복한 만남이면 좋겠습니다.

초면인 ○○님께 제 자신의 내면도 보여주는 좋은 만남이면 좋겠습니다^^

좋은 만남은 축복이라는데 그 축복 제가 오늘 ○○님께 드리면 좋겠습니다^^

○○님! 오늘 만나 뵐 때 멋진 모습 보여주세요^^* 이따 뵙겠습니다.

서로의 가치를 공유하며 마음 전류가 따스히 흐르는 그런 만남 되길 기대합니다.

○○님! 만날 걸 생각하니 설레네요^^ 가을(봄, 여름. 겨울)냄새 물씬 풍기는 컨셉트로 오시깁니당^-~

오늘 좋은 인연으로 기억되는 좋은 만남 되길 소망합니다*^*

오늘 ○○님과 좋은 만남 속에 진솔한(즐거운) 대화 나누는 멋진 만남 되길 기대합니다^^*

MMS용 문자메시지 명품글귀

○○님과 만날 생각을 하니 실개천에서 물장구치는 아이처럼 설렙니다^^* 이따 뵙겠습니다.

세상의 모든 만남은 우연이 아닌 기적이다(아인슈타인). 오늘 그 아름다운 기적을 ○○님과 함께 일구길 기대해봅니다^^

오늘 좋은 만남 있다면서요? 행운의 여신과 제가 오늘 ○○님께 행운을 안겨드리겠습니다^^

○○님과의 만남을 스쳐가는 우연이 아닌 좋은 인연으로 이어지는 맛남으로 만들고 싶습니다.

남을 행복하게 할 수 있는 자만이 행복을 얻는다(플라톤). 오늘 좋은 만남 만들어드리겠습니다(되도록 하겠습니다)^^

인생에서 제일 소중한 것은 인연을 낳는 만남이라는데 오늘 ○○님과 좋은 만남이 되면 참 좋겠습니다^^

❯ 만남 후 더 좋은 인연 낳도록 띄우는 멋진 감동문자

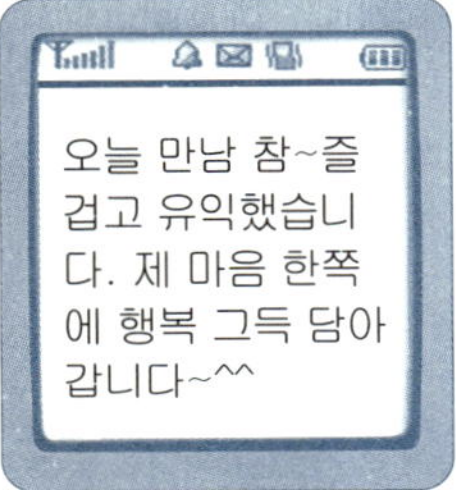

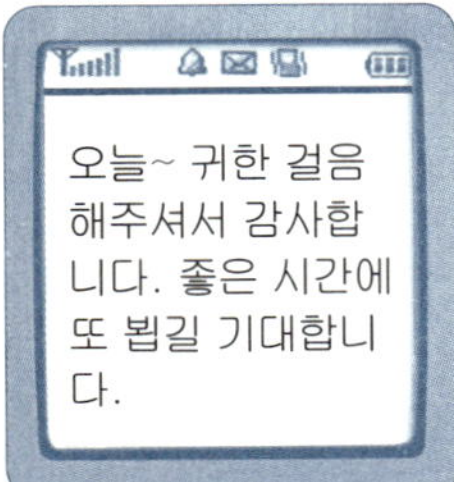

- 오늘 즐거웠습니다. ○○님과 늘~오래 기억되는 아름다운 삶의 인연되길 바랍니다^^*
- 바쁘신 중에도 귀한 나눔 주셔서 감사드립니다. 오늘 정말 즐거웠습니다.
- 오늘 주신 따스한 마음에 깊은 감사 띄웁니다. 자주 뵐 수 있길 바랍니다^^
- 오늘 정말 즐거웠습니다. 늘 좋은 인연으로 만남이 이어지길 바랍니다.
- 오늘 만남, 정말 행복했습니다. 좋은 만남으로 이어지면 더~행복할 것 같습니다^^
- 늘 기분 좋게 따스한 마음 내려놓아 주시고 가시는 고마운 마음 잊지 않겠습니다(않을게요).
- 오늘 정말 즐거웠습니다. 늘 건강하게 지내시고 좋은 소식 기다리겠습니다^^
- 오늘 정말 반가웠어요. 자주 뵐 수 있길 기대할게요. 늘 행복하세요^^
- 힘든 발걸음 머물러 귀 열어 들어주시고 고운 마음의 흔적 주심~ 감사드립니다.
- 오늘 ○○님과 뜻 깊은 만남! 아직도 마음이 설렙니다. 고맙습니다. 연

락드려도 되죠^?^

- ○○님과의 만남이 감초같이 오래 만날수록 더욱 맛깔스럽도록 만들겠습니다(만들고 싶네요).
- 오늘~만남 반가웠습니다. 앞으로 오래 기억되는 아름다운 삶의 인연되길 바랍니다^^★
- ○○님께서 오늘 제게 베풀어주신 배려에 고마운~ 마음 전합니다^^ㅈ
- 바쁘신 중에 시간 내주셔서 정말 고마워요. 담에 만나는 날까지 행복하셔야 해요^?^★
- 좋은 인연 이어져 다시 만날 수 있는 날까지 건강하시고 행복하셔야 해요^?^
- 오늘 ~○○님의 마음속 깊이 머무는 맑은 언어의 서정을 읽었습니다★^^ 행복하세요.
- 오늘 만남~ 참 즐거웠습니다. 늘 고운 만남, 소중한 만남이길 바랍니다.
- 오늘 유익하고 아름다운 대화의 향기 나눌 시간 내주셔서 감사합니다.

MMS용 문자메시지 명품글귀

- 오늘 만남 즐거웠어요. 저는 ○○님과의 만남이 단순한 만남이 아니라 반드시 맛남이 되도록 만들고 싶습니다.
- 아름다운 만남이란 운명적인 마음으로 다가온다는데 제가 지금 그런 기분입니다^^ 오늘 행복했습니다~ 우리 앞으로 좋은 인연 만들어가요^?^
- 작은 우연이 일생을 결정하기도 한다(전혜린). 오늘 만남이 좋은 인연되길 기대할게요^^★
- 좋은 만남은 가장 소중한 선물이라고 합니다. 오늘 제게 정말 좋은 선물 주셔서 참 행복했습니다^^★★
- 오늘 고마웠습니다(즐거웠습니다). 인생의 변화는 만남을 통해 시작된다고 하는데 앞으로 서로에게 더욱 의미를 부여하는 좋은 만남~되었음 합니다★^^★

- ○○님과의 만남을 아름다운 추억의 한 페이지가 아닌 언제나 간직하는 삶 안에 두고 싶습니다. 그래주실 거죠?(그래도 되죠^?^)

- ○○님과 나눈 오늘 이야기들이 따스한 햇살로 스며들어 행복감으로 무량하게 만듭니다^^★ 고맙고요~ 앞으로도 고운 이야기 마니 펼쳐주세요^^

- ○○님과의 만남은 제 삶에 기적으로 다가옵니다. 이런 좋은 만남이 왜 이리도 늦게 찾아왔을까요?^^★

- ○○님과 만나면서 어떻게 사는 것이 참된(아름다운, 행복한) 삶인지 깨달았습니다. 앞으로도 좋은 만남 이어주세요^^

- 저는 사람에게서 향기가 난다는 말, 오늘 ○○님을 뵙고 실감했습니다. 앞으로 그 향기 제게도 꼭 나누어주세요. 네~^?^(나눠주시면 정말 제겐 생애 최고의 영광이겠습니다.–남자의 경우 사용)

- 오늘 고운 발걸음 제게 머물러주셔서 고맙습니다. 앞으로 서로 배려하고 도움 주며 가끔은 향수를 느끼는 그런 멋진 만남~되었으면 하는 바람 가져봅니다.

❷ 만남 후 더 좋은 만남 잇도록 보내는 상대방 칭찬문자

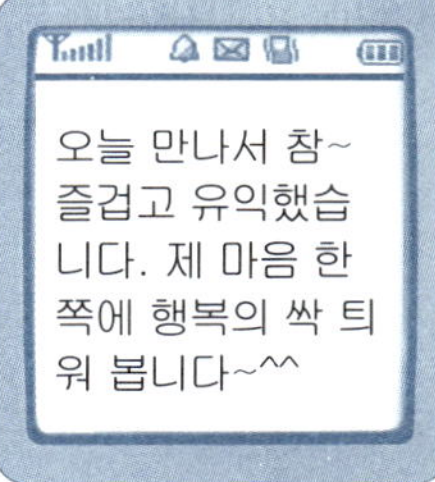

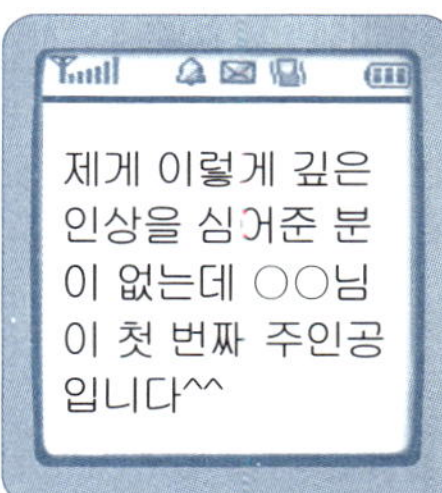

- ○○님 만났을 때 잔잔한 미소 속에 담긴 고운 매력~여운이 남네요^^ 좋은 하루되세요.
- 오늘 ○○님에게서 강한 포스가 느껴졌습니다. 너무도 멋져 보입니다^^
- ○○님을 뵈었을 때 풍기는 강렬한 포스(매력적인 이미지)가 눈에 선합니다.
- ○○님은 저의 로망입니다^^ 저도 ○○님을 닮고 싶습니다. 많은 가르침 부탁합니다.
- 오늘 넘 멋있었습니다. ○○님을 뵙고 나니 제 추운 마음이 따뜻해집니다^^
- 오늘~고마웠어요. 알찬 열매를 주는 꽃처럼 좋은 만남 속에 좋은 일 맺길 바랍니다.
- 오늘 ○○님은 다른 사람들보다 더욱더 돋보였습니다^^
- ○○님 모습이 오늘 참 보기 좋네요! 만남~반갑고 고마운 마음 전합니다.
- 오늘 ○○님의 열정적인 모습에서 또 다른 멋을 느꼈습니다. 고마워요^^★★
- 오늘~ 고맙습니다. 행복해 하는 제 모습 보이시지요^?^ 즐거운 시간되세요^^
- 오늘 ○○님의 깊은 배려에 감동 먹었어요. 감사~^^ 좋은 하루되세요.

- ○○야! 오랜만에 보니 너 대견하고 멋지고 존경스럽다~ 늘 그렇게 지내다오.
- 친구야, 정말 오늘따라 친구가 무지 자랑스럽네. 우리 자주 만나자.
- 정말 ㅈㅈ~해용^^ 또 제게 감사~주실 거죠^^ 좋은 만남 고맙습니다.
- ○○님의 열정적인 모습에 앞으로 좋은 일이 많을 거라는 생각이 가득해집니다.
- 항상 열심인 모습이 참 아름답습니다. 행복한 시간되세요.
- ○○님이 이렇게 자상하고 인자할 줄 몰랐습니다. 오늘 정말 고맙습니다^0^
- ○○님과의 만남은 제겐 우연이 아닌 기적이었습니다. 정말 꿈같이 행복했습니다^^
- ○○님을 처음 봤지만 이리 멋진(아름다운) 분인 줄 몰랐습니다. 오늘 정말 고맙습니다.
- 이리보고 저리보고 요리보고 암만 봐도 제겐 ○○○님이 가장 믿음이 갑니다(○○○님뿐입니다)^^
- ○○님! 어쩜 그리도 곱고 아름다우세요. ○○님의 향기 나는 매력 저도 닮고 싶어요.
- ○○님은 붐업(Boom-Up)입니다!! 제겐~ 언제나 최고로 멋져 보입니다.
- ○○님! 어쩜 인상이 그렇게 좋으세요. 앞으로 좋은 만남 가꾸고 싶습니다.
- 제게 오늘 ○○님은 ○○○(유명한 연예인 이름 명시)보다도 더 멋져 보이셨습니다.
- ○○님과의 (오늘) 만남 정말 반가웠습니다. 정말 예쁜(아름다운, 고운) 모습~ 지금도 선합니다.
- (정말) ○○님 매력에 감탄했습니다. 그 비결 제게도 알려주세요. 그리해 주실 거죠^?^
- 만날 때마다 새롭고 신선한 매력에 제 기분도 덩달아 업된답니다^^ 행복한 시간되세요.

- ○○님의 카리스마 넘치는 멋진 모습에 반했습니다^^*고맙습니다. 좋은 시간되세요.

- ○○님과의 귀한 만남. 정말 제겐 축복이었습니다. 그 축복 오래 잇고 싶습니다.

- ○○님을 뵙고 나오니 제 기분이 날아갈 듯 좋네요. 오늘 행복했습니다.

- 향기로운 사람은 늘 고운 향기를 내뿜나 봅니다. 그 향기~제게 주셔서 감사합니다^^

- ○○님을 만난 덕분에 제 마음은 구름 위에 있는 거 같습니다*^^* 또 뵐 수 있죠^?^

- ○○님! 와*^ 오늘 품격이 저절로 묻어나 보여 넘 멋졌어요*^^* 반가웠습니다.

- ○○님을 만나 뵙고 만남의 진정한 가치는 이런 것임을 실감했습니다. 고맙습니다.

- ○○님의 열린 맘이 정말 아름다우십니다^^좋은 만남~또 이뤄졌음 해요^^행복하세요.

- 오늘 ○○님과 우연히 맺은 좋은 인연~ 하늘이 제게 준 최고의 선물입니다^^~

- ○○님의 따뜻한 배려에 제 마음샘 행복물결로 여울지려 합니다^^ 오늘 유익했습니다.(즐거웠습니다, 행복했습니다, 감사합니다 등)

- 좋은 사람과 만나면 행복이 움튼다는데 제게 그 행운 주셔서 고맙습니다^^

- 좋은 만남은 소중한 선물이라는데 그 귀한 선물 오늘 제게 주셔서 고맙습니다^^

- 좋은 만남은 삶의 희망을 준다는데 그 희망 제게 주셔서 고맙습니다^^

- 좋은 만남은 더 없는 기쁨이라는데 그 기쁨 제게 주셔서 고맙습니다^^

- 좋은 만남은 축복이라는데 그 축복 제게 안겨주셔서 고맙습니다^^

- 밝은 목소리로 말하는 이는 좋은 사람이라는데 오늘 그런 분 만나 행복

했습니다^^*

📧 오늘 만남 내내 진심어린 따뜻하고 자상한 배려~ 정말 고맙습니다.

📧 오늘 참 즐거웠습니다. 따스한 마음에 감동했어요. 자주 뵐 수 있겠지요
(죠)^?^

📧 사람에게서 향기가 난다는 말, 오늘 난생처음 느꼈습니다. 바로 ○○님
한테서요. 오늘 만남(정말) 즐거웠습니다(행복했습니다)*^^*

📧 저는 늘 ○○님을 뵐 때마다 그 고운(아름다운, 매력적인, 예쁜, 멋진 등 형
용사를 성별 또는 사회적 처지에 따라 업그레이드하여 명시) 모습을 닮고 싶어
집니다. 좋은 만남 이어갔으면 합니다.(참 행복할 것 같습니다^^)

📧 만나고 난 후 미소짓게 하는 사람이 가장 좋은 사람이라는데 바로 ○○
님이 저를 오늘 미소짓게 만들어주셨습니다^^

📧 ○○님께서 이렇게도 유쾌하고 멋진 분이신 줄 몰랐습니다. 상쾌한(멋
진, 즐거운, 좋은) 만남 또 이루어지길 기대할게요. 좋은 하루되세요.

📧 만남 후 상대방을 행복하게 해주는 사람이 가장 좋은 사람이라는데 그
행복 오늘 ○○님을 만나고 첨~느꼈습니다^^

📧 좋은 만남은 인생의 터닝포인트라는데 제 인생의 전환점 밝게 열어주신
○○님께 고마운 마음 깊이 전합니다. 오늘 만남~ 정말 유익했습니다.

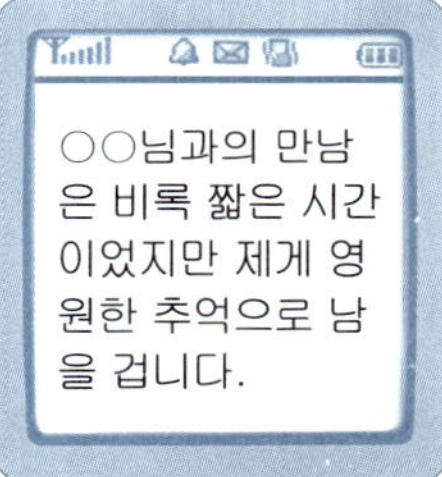

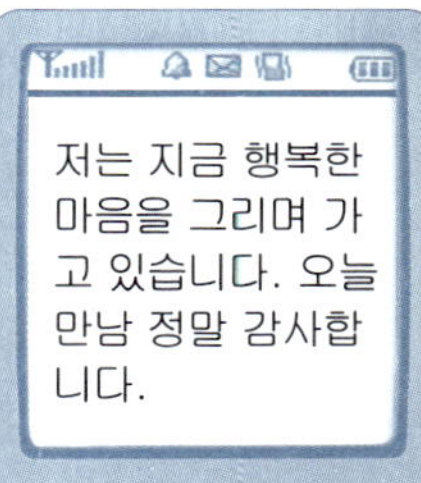

- ○○님과의 만남 속에서 생활의 기쁨을 새롭게 느끼고 있습니다. 고맙습니다.

- 오늘 참 즐거웠습니다. 항상 좋은 이웃 되기 위해 노력하겠습니다.(이웃과 모처럼 모임을 한 후 보내는 문자)

- 좋은 만남으로 우울했던 마음의 짐 내려놓고 그 안에 좋은 기억 담아갑니다^^*

- 저 오늘~감동 먹었어요^^ 정말 감사~감사합니다. 나중 또 감동시켜주세요^^

- 수많은 사람을 대했지만 이처럼 전기 오르는 만남은 난생처음입니다.(소개팅 또는 이성적으로 만났을 때)

- 사람과의 만남이 오늘처럼 행복하게 다가온 적은 없었습니다. 참 즐거웠습니다.

- 제게 늘 오늘과 같은 좋은 만남만 있음~ 참 행복할 것 같습니다^^

- 유쾌했던 만남의 기억이 자꾸만 머리에 맴돌아 보고픔을 샘솟게 하네요.

- 그날~정말 유익하고 재미있었어요^^ 늘 좋은 하루 이어가세요.(며칠 후

보낼 때 사용)

🖥 오늘~귀한 걸음으로 제 마음에 유익함 주셔서 깊은 감사드립니다(__)

🖥 오늘 만남 정말 반가웠습니다. 가슴가득 행복 주셔서 감사합니다. 꾸~벅^()^

🖥 오늘 만남 정말 행복했습니다. 만난 여운 길게 간직하려 좋은 생각 심어 봅니다.

🖥 오늘 만남 무척 유익했습니다. 이런 자리 또 있으면 좋겠습니다. 감사, 감사^^

🖥 ○○씨 뵙고서 기쁘고 행복하다고 전하면 너무 오버인가요^^* 정말 즐거웠습니다.

🖥 ○○님은 제가 상상했던 것 이상으로 매력적인 분이시네요~^^*

🖥 오늘 만나 행복한 마음 살짝 내려놓고 갑니다. ㅛ합니다^^ 또 뵈여~♬

🖥 오늘~제겐 무척 행복한 날이었습니다. 이 기분~오래 간직하고 싶습니다.

🖥 오늘 정말 즐거웠습니다. 다시 한 번 진심으로 감사드립니다~꾸벅 (__)(--)

🖥 오늘~바쁘신데도 고운 걸음 머물러주심을 감사드려요. 늘 행복하세요.

🖥 오늘 고마웠습니다. 항상 좋은 말씀으로 제 마음에 등불 밝혀주셔서 감사합니다.

🖥 여유로운 시간과 향기로운 시간 주셔서 감사드립니다. 고마워요^^

🖥 오늘 고운 교제를 챙겨주신 ○○님의 맘 자국에 미소를 만들어 보냅니다^^

🖥 오늘 정말 즐거웠습니다. 좋은 분과의 만남이 지금도 가슴 한쪽에 메아리치네요^^

🖥 ○○님과 같이 좋은 분과 만난 아름다운 추억 오래 간직하고 싶습니다.

🖥 좋은 만남은 서로 행복하게 하는 것이라는데 ○○님 오늘 행복하셨는지요^?^

🖥 좋은 친구는 인생의 보배라는데 그 보배~ 오늘 귀하게 만난 것 같습니다 ^^

🖥 오늘 ○○님과 만나면서 마음에 기쁨을 채우고 왔답니다^^ 좋은 시간되

세요.

- 제가 복이 많은가 봅니다. 좋은 사람복!^^ 오늘 ○○님과 만남 정말 즐거웠습니다.

- 막힌 가슴에 시원한 단비 내려주듯 ○○님과 만남은 기쁨과 행복 그 자체였습니다.

- 오늘 ○○님의 인품과 마음의 넉넉함을 얻고 갑니다. 행복하세요^^*

- 오늘 따스히 맞아주신 배려에 아직도 미소가 지어집니다^^ 고맙습니다.

MMS용 문자메시지 명품글귀

- ○○님, 오늘 ○○님을 만난 것은 제게 큰 행복이었습니다. 제게 또다시 이런 행복감 느낄 수 있게 해주실 거죠?^-^

- 오늘 만남~정말 유익했습니다. 다시 좋은 기회 찾아오면 더 많은 유익한 자리가 되도록 하겠습니다.

- 살아오면서 오늘처럼 가슴 저미게 행복한 적은 (별로) 없었습니다. 그런 행복 갖게 해주셔서 정말 고맙습니다.

- ○○님과의 만남은 제겐 우연이 아닌 기적으로 여겨집니다.(정말 꿈만 같습니다.) 그 기적 계속 제게 생시로 느끼도록 만들어주세요. 오늘 만남 정말 행복합니다.(소개팅 등 이성간 첫 만남시 사용)

- 지난번 만남~ 정말 감사합니다. 그때의 고마움, 아직도 제 마음 깊이 간직하고 있답니다. 정말 아름다운 만남이었습니다.

- 자연의 빛깔이 시린 눈을 말끔히 씻어주듯 ○○님은 오늘~ 제 부족한 마음을 씻어줬네요^^

- 오늘 제게 행운이 찾아올 것만 같은 예감이 들었는데 ○○님을 만나려는 행운의 손짓이었나 봅니다^^ 오늘 참 즐거웠습니다.

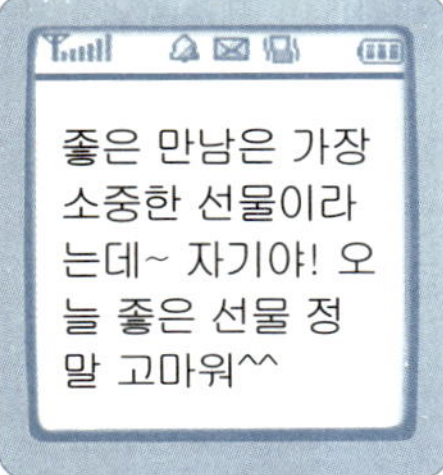

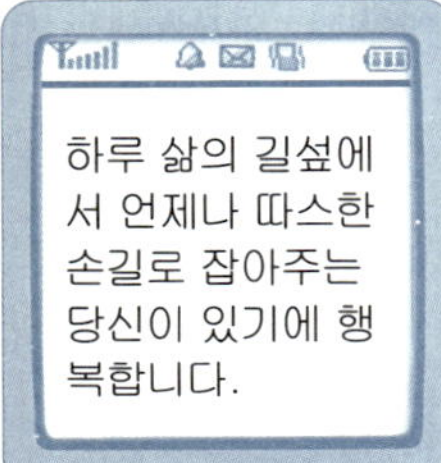

- 인생은 너와 나의 만남이다(한스 카로사). 내 인생은 당신과 만남으로써 존재합니다.
- 내 안에 들어와 사랑의 꽃 피우게 해준 당신에게 고마움을 선물로 안겨 줍니다^^
- 내 가슴에 사랑의 꽃을 피운 참으로 아름다운 당신이 있어 난 정말 행복해~
- 그대와의 만남이 나를 더 좋은 남자(여자)가 되게 만들어주었습니다. 고 마워요^^
- 나 그대와 맺은 인생의 끈~ 어떤 어려움도 화끈하게 이겨내며 끈끈하게 잇겠습니다.(이을게^^)
- 당신과 만나는 것 자체가 행복이에요(이야). 당신 마음 정말 따뜻해. 고 마워. 사랑해.
- 당신의 아름다운 향기가 내 온 마음을 행복물감으로 덧칠해 기쁨의 꽃 만발했어. 사랑해.
- 내게 이 세상에서 가장 행복한 순간은 자기와 만날 때야. 사랑해.
- 자기야! 멋진(예쁜) 자기 만나 행복했던 순간이 지금 내 맘에 가득해^^

사랑해♡

🖥️ 자기야! 우리 인연의 끈, 노끈이 아닌 끈끈한 사랑끈으로 튼튼히 이어가자^^

🖥️ ○○야! 오늘 내 마음에 시원한 향기를 안겨줘 넘 고마워~ 싸랑행^^

🖥️ 날 위해 마음 써주는 사랑하는 사람 있어 행복해요. 사랑해요. 마니마니~

🖥️ 우리 가슴에! 뜬 초승달이 언제나 아름답게 빛나는 둥근 보름달로 남길 기도합니다.

🖥️ 당신은 먼지가 쌓인 것 같은 눌린 내 가슴을 깨끗하게 만들어준 고운 천사입니다.

🖥️ 내 예쁜(멋진) 자기 또 볼 생각하니 마음이 벌써 콩닥거리네. 울 일찍 또 보자. 응?

🖥️ 내 사랑스러운 자기~또 만날 생각하니 벌써 마음이 벅차오른다.

🖥️ 울 자기~만날 생각하니 내 마음이 소풍가는 어린애처럼 마냥 기다려지네^^

🖥️ 행복은 마음에 있다고 하듯 내(제) 마음도 그대를 만난 기쁨으로 가득 채울 거예요^^

🖥️ 당신을 만나고부터 내 삶에(힘듦이란 단어는 사라지고 : MMS전환시 사용) 행복이란 단어가 움트기 시작했어요.

🖥️ 그대 고운 걸음 내게 머물러 마음의 정 내려주니 내 항복한 미소 문자로 띄웁니다*^^*

🖥️ 당신은 내게 선물보다 더 좋은 당신 마음을 담아주었습니다. 그 마음 고이 간직할게요.

🖥️ 당신과의 만남이 아름다운 빛깔을 띠는 맛남으로 이어지도록 모든 걸 바칠게(요)♥^^

🖥️ 그대 눈빛에 묻어난 고운 미소가 날 행복하게 했습니다. 멋진 모습 늘 보여줘요^^

🖥️ 점점 가슴깊이 맺는 정의 끈이 돌아서 나오는 발걸음을 너무 무겁게 하네요.

오늘~자기가 내게 작은 행복의 날개를 달아준 듯해 고마워. 사랑해~마니마니^^*

그대를 만난 내 마음에는 그대가 심어준 믿음과 향긋한 기쁨이 가득합니다^^

오늘 정말 즐겁고 행복한 시간이었어요. 고마워요. 따스한 정과 배려. 또 봐(뵈어)요^^

제겐 늘 당신(호칭 선택)이 가까이 있어 얼마나 큰 힘이 되는지 모른답니다. 고마워요^^*♡

당신과 나는 이 세상에서 가장 소중한 한 쌍! 우리 만남은 그래서 더욱 아름다운 것 같아. 그치^?^

인생은 만남으로 시작되고 만남으로 꿈을 이룬다는데 그 꿈 당신(상대방 호칭)과 꼭 이루고 싶습니다.

오늘 자기와 살가운 대화 더 많이 나누지 못해 아쉬웠어! 담에는 우리 많은 시간을 함께 나눠. 응^?^

○○씨! 오늘 넘 고마웠어요. 앞으로도 웃음과 행복이 함께하는 아름다운 인연~ 만들어가요^^*

오늘도 사랑의 향기가 물씬 풍기는 그리고 행복하다 말할 수 있는 그런 하루였음 좋겠다. 어제 자기 땜에~ 정말 행복했어. 사랑해.

당신과의 소중한 만남이 우연이 아닌 필연의 맛남으로 영원히 내 가슴에 자리하길 간절히 소망해봅니다. 꼭 그리해줘야 해용^^

자기 보내고 난 뒤 또다시 밀물처럼 다가오는 그리움에 덤덤하게 지내기가 힘드네. 아직도 자기가 내 옆에 믿음직하게 있는 것 같은 환상이 들어.

자기야! 자길 만나고 난 다음 날은 왜 이리도 허전하지? 당신 또 빨리 보고 싶은 마음의 고픔이 너무 심하네~^^ 또 보고 싶다~ 사랑해.

❯ 비즈니스로 만난 후 띄우는 안부용 멋진 감동문자

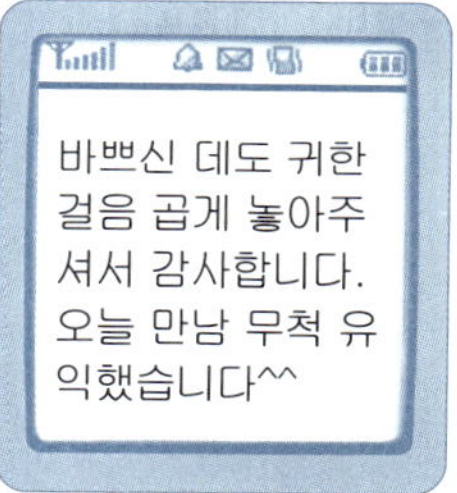

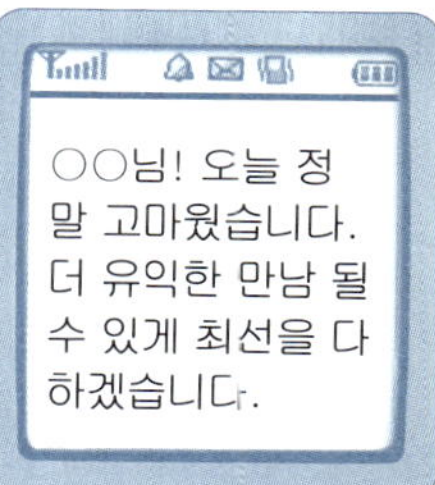

- ○○님에게 언제나 꼭 필요한 사람이 되도록 머문 자리를 제 가치로 닦겠습니다^^

- 소중하고 아름다운 만남 갖도록 배려해주신 마음 깊이 간직하겠습니다. 행복하세요.

- ○○님과 순간의 스침으로 이뤄진 만남이지만 그 가치는 너무도 무겁게 (크게, 깊이) 다가옵니다.

- ○○님과의 만남 속에서 생활의 기쁨을 새롭게 느끼고 있습니다. 고맙습니다.

- ○○님과의 만남은 제겐 기적이었습니다. 정말 꿈같이 행복했습니다.

- 저는 늘 ○○님에게 손수건처럼 힘들 때 땀을 닦아주는 주인공이 되겠습니다.

- ○○님! 수호천사 아시죠? 제가 ○○님 생활에 수호천사가 되어드릴게요★^─^★

- 저는 향기만 발산하고 지는 꽃이 아니라 늘 향기로 다가가는 ○○○(전문 직업 또는 이름 명시)가 되겠습니다.

- ○○님과의 만남이 인연으로 맺어져 삶에 도움이 되도록 노력하겠습니다.
- 오늘 제 막힌 실타래를 시원하게 풀어주셔서 정말 고맙습니다^^*
- 짬을 내주셔서 감사합니다. 고마운 마음 제가 앞으로 두고두고 풀어드리겠습니다^^
- 오늘 정말 고마웠습니다. 제게 또 정말 좋으신(칭찬의 형용사 명시) ○○님 뵐 기회 주실 거죠^?^
- ○○님! 제게 더 많은 것을 가르쳐주세요. 앞으로도 진솔한 만남, 계속하고 싶습니다.
- 빠른 시일 내에 ○○님과의 자연스러운 만남 꼭 이루어지길 바랍니다. 연락주세요.
- ○○님께 유익한 만남이 될 기회를 마련하려고 합니다. 연락주시면 고맙겠습니다.
- ○○님! 또 기회가 된다면 따뜻하고 의미 있는 만남으로 도움을 드리고 싶습니다.
- 첫 만남! ○○님의 너그러운 배려에 깊은 감사드립니다. 또 뵐 수 있길 희망합니다.
- ○○님의 열정어린 모습을 보면 제가 다시금 힘을 얻곤 합니다. 고맙습니다.
- 제게 늘 오늘과 같은 좋은 만남만 있으면 무척 행복할 것 같습니다.
- ○○님을 만난 덕분에 제 마음은 오늘 구름 위를 날아가는 거 같습니다^^*
- 좋은 날 좋은 만남 속에 좋은 일이 생겨 좋은 하루 보냈습니다^^ 고맙습니다.
- 오늘~만나 뵙고 저와 많은 것을 공유하고 계시는 것 같아 정말 반가웠습니다.
- 오늘 여러모로 배려해주시고 격려해주셔서 깊이 감사드립니다^^*
- ○○님을 뵐 때마다 너무 열심히 하셔서 건강해치실까 염려됩니다. 건강하세요.

- 항상 열심히 하시는 모습이 무척 부럽습니다. 오늘 하루 행복하세요.
- 오늘 ○○님께서 말씀하신 귀한 말들이 아직도 귀에 울립니다. 감사합니다.
- ○○○입니다. 몸은 건강하시고 하시는 일은 잘되는지 매우 궁금합니다 ^^(한참 지난 후 문자 보낼 때)
- 오늘 유익했습니다. 앞으로도 많은 것을 공유하는 좋은 만남을 기대합니다.
- 오늘 ○○님과 일을 공유할 수 있어서 정말 기쁘고 유익했습니다.
- 소중한 만남 갖도록 배려해주신 마음~ 깊이 간직하겠습니다. 고맙습니다.(소개자가 있을 경우 소개자에게 보내는 감사문자)
- 오늘 ○○님의 마음의 소리까지 들은 것 같아 기분 좋습니다. 좋은 만남 가꾸겠습니다.
- ○○님은 사람들에게 기쁨과 행복을 안겨주시는 것 같아요^^ 오늘 참 유익했습니다.
- 오늘~정말 좋은 분과 만나 즐겁고 유익했습니다^^ 다시 연락드리겠습니다.

MMS용 문자메시지 명품글귀

- 오늘~ ○○님과 유익한 만남으로 제 마음의 곳간을 풍요롭게 채울 수 있었습니다. 앞으로도 좋은 만남 이어지길 바랍니다.(바래봅니다^^*)
- 오늘 정말 많은 가르침을 받았습니다. 고맙습니다. 또다시 존경하는 ○○님과 소중한 만남의 장을 ○○일에 만들고 싶습니다.
- ○○님! 아직 부족한 점이 많지만 ○○님 삶에 도움 되는 진정한 ○○(직업, 하는 일 또는 신분 명시)로 다가가겠습니다. 많은 협조 바랍니다.
- 아주 작은 인연 속에 간신히 싹틔운 만남이 더 좋은 인연되도록 소중히 (알뜰히) 가꾸겠습니다.(가꾸고 싶습니다) 그리해도 되죠^?^

오늘 ○○님과 만나면서 저는 아직도 부족한 것이 많다는 것을 깨달았습니다. 앞으로도 많은 가르침 부탁드립니다.

사람은 누구를 만나는가에 따라 인생이 결정된다고 하는데 오늘 ○○님은 제게 새로운 미래를(희망을, 꿈을, 기쁨을, 행복을, 즐거움을) 보여주었습니다^)^

오늘 ○○님을 보면서 인품의 향기가 이런 것이구나 하고 감탄했습니다. 저도 ○○님처럼 그리 닮아가고 싶습니다.

○○님! ○○님을 만날 때마다 저를 만나주신 것에 대한 보답으로 늘 생활에 유익한 정보를 드리고 싶어요. 그래도 되죠^?^*

오늘 ○○님을 뵙고 나오면서 아! 이런 분 계속 만난다면 얼마나 좋을까 하고 생각했는데… ○○님! 이런 바람 현실로 생각해도 되죠^?^*

오늘 ○○님을 뵙고 어쩜 그리 인상이 좋으신지(매력적이신지, 기품이 있으신지, 인품이 있으신지, 아름다우신지, 고우신지, 우아하신지 등 성별과 나이에 따라 적절히 사용) 속으로 자꾸만 되뇌었습니다. 좋은 만남 가꾸고 싶습니다.

바쁘신 데도 제게 시간을 내주시고 또 이처럼 행복한 추억 안겨주셔서 정말 고맙습니다. 서로 도움 되는 소중한 만남 이어가고 싶습니다.

오늘 정말 좋은 말씀 많이 들었습니다. 고맙습니다. 앞으로도 상생의 아름다운 인연 낳도록 만남의 장을 열고 싶습니다.

03

문자, 음성메시지, 통화 후 보내는

답신용 감동문자

살가운 문자메시지 한 통이 상대방을 내 편으로 만드는 시발점이 되므로 답신용 문자를 보낼 때에도 심사숙고해야 한다.

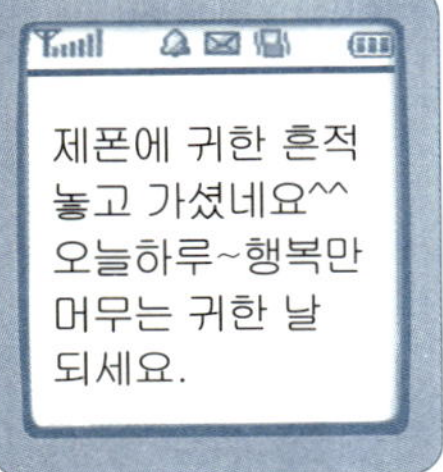

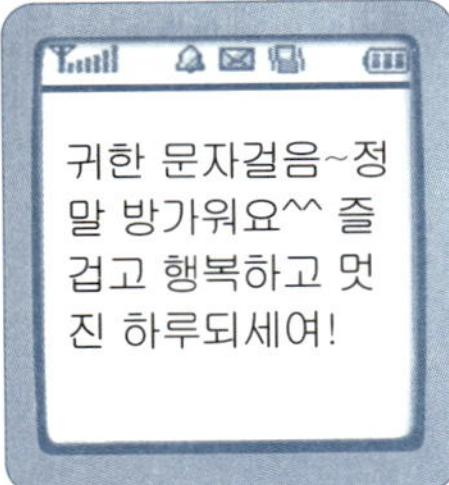

🖳 아침부터 ○○님이 반갑게 대해주시니 뿌듯하네용ㅎㅎ ○○님도 기분
좋은 하루되셈^^

🖳 언제나 고운 문자~남겨주심에 감사드립니다. 멋진 하루 되세요^^*

🖳 좋아하는 분의 살가운 문자를 만나는 시간이 무척 행복합니다^^

🖳 감사 또 감사… 감동문자 받으니 아침부터 기운이 절로 나네요! 같이 기
운내세요^^

🖳 아침부터 기분 좋은 문자 받으니 행복한 느낌이 밀려옵니다^^ 좋은 하루
되세요.

🖳 좋은 문자 글에 따뜻한 눈빛으로 머물러 봅니다^^ 고맙습니다. 좋은 하
루되세요.

🖳 폰에 고운 흔적 남겼네. 고마워~ 오늘 남은 시간 행복 내 거까지 덤으로
마니 누려^^

🖳 제 폰에~고운 마음으로 머물다 가신 ○○님, 감사합니다^^ 좋은 하루되
세요!

🖳 남기신 고운 발자취~감사의 마음 안부의 정으로 놓아드립니다~ 행복한

하루되세요^^

🖥 ○○님 방그리^^ 오랜만에 고운 걸음~하셨네요! 오늘도 고운 하루! 행복하세요!

🖥 아름다운 감동문자^^~ 아주 맛깔스럽게 띄워 주셨네요! ㅠ

🖥 ○○야! 넘 반갑다. 네 생각하고 있었는데… 행복만 해야 해^?^

🖥 보내주신 정감어린 문자에 따뜻한 미소와 함께 머뭅니다. 좋은 시간되삼^^

🖥 이 아침 ○○님 덕분에 행복한 미소 머금어 봅니다^^ 행복한 날 되세요~

🖥 ○○야! 내 폰에 예쁜 흔적 머물러 날 기쁘게 해주다니 고마워. 잘 지내삼^^

🖥 참으로 정겨운(고운) 문자~제 가슴 속속들이 아름다움으로 메워집니다^^

🖥 머물러주신 귀한 걸음(마음) 고맙습니다. 앞으로도 고운 흔적 자주 내려주세요^^

🖥 잊지 않으시고 고운(감동어린, 감동의, 행복담은) 문자 흔적 남겨주셔서 감사합니다.

🖥 언제나 다정다감한 문자에 기운이 절로 납니다. 고맙습니다.

🖥 놓고 가신 고운 흔적에 고마운 마음 한 자락 놓아둡니다. 고맙습니다^^

🖥 ○○님이 남기신 고운 감동문자에 머물며 향기로운 시간 보냅니다^^

🖥 늘 두루두루 마음 챙기시는 ○○님의 아름다운 모습에서 많은 걸 배웁니다^^

🖥 고운 문자 수놓아 주셨네요. 찾아뵙는 시간까지 늘 건강하고 행복한 시간되소서^^

🖥 고운 걸음에 저 또한 미소 담아 보냅니다^^ 오늘도 좋은 하루(시간)되세요.

🖥 고운 마음이 전해오는(묻어나는) 문자에 마음이 행복감으로 물듭니다^^

🖥 제 폰에 다녀가신 정겨운 걸음 감사드립니다. 평안한 시간되세요.

🖥 고운 흔적 주심에 저도 감사한 마음 내려놓고 갑니다^^ 좋은 하루되세요.

🖥 귀한 발걸음으로 고운 흔적 남겨주셔서 감사드립니다^^

🖥 고운 발길로 예쁜 흔적 남겨주시는 고우신 마음, 고맙습_다.(ㅠ~ㅎㅎ)

🖥 남겨주신 고운 문자 속에 행복한 마음이 절로 스며옵니다^^

- 다정한 정이 묻어나는 문자~ 감사히 가슴에 고이 담습니다.
- 잊지 않고 고운 흔적 주시니 예쁜(매력적인) 모습만큼 정겹게 전해옵니다^^
- 귀한 문자걸음 감사드립니다. 결 고운 마음만큼 오늘도 고운 순간되세요.
- 바쁘신 중에도 두루두루 마음 써주셔서 고맙습니다. 행복한 시간되세요.
- 반가운 문자 주셔서 고맙습니다. 오늘도 행복한 마음되(이)길 빕니다^^*
- 정감의 교류 이어지도록 언제나 마음의 전류 주시는 ○○님~ 고맙습니다^^
- 내 폰에 왔다 갔네! 급한 일 있어 못 받았어~미안.(전화를 못 받았을 경우 또는 휴대전화를 꺼놨을 경우·사용)
- 제게 좋은 글로 눈팅할 기회 주셔서 고맙습니다^^* 남은 시간 행복하세요.
- 고마워요. 오늘 받은 문자 중 가장 반갑네요^^ 좋은 시간되세요. 꾸벅^^ ㅎㅎ
- 고운 흔적 반가워(요). 항상 (건강하고) 행복하길 비는 안부의 마음 살짝 놓고 가(갑니다)^^*
- 당신 문자 보니 오늘 (하루 종일) 좋은 일만 있을 거 같아^^ 이런 느낌만으로도 행복해.
- 감동어린 문잘~보면서 행복한 웃음이 입가에 잔주름을 긋습니다^^* 고운 하루되삼.
- ○○님 문자에 대한 답신으로 또닥또닥 제 마음을 놉니다^^ 행복한 시간 이어가세요.
- 정감어린 문자 마음 깊숙이 스며들어 감동의 자락 놓아 보냅니다!^^
- 생각도 못한 ○○님의 고운 선물에 눈도 마음도 시원해집니다^^ 좋은 하루되삼.
- 아침부터 제 마음을 행복하게 해주네요^^ 감사감사~○○님도 행복한 하루되세요.
- 잠시 ○○님이 보내주신 감동문자에 젖어봅니다^^ 고맙습니다. 즐겁게 지내세요~!

- 잊지 않고 안부 내려주시는 ○○님의 마음 향기로 행복한 마음입니다^^

- 아름다운 흔적 잊지 않고 남겨주셔서 감사합니다*^^* 늘 즐겁고 행복하세요!

- 정겨운 흔적 감사드립니다^^* 늘 건강하시고 행복하시길 바랍니다.

- (와아^^~)지금 감동문자 덕분에 웃음 한 초롱 불었습니다ㅎㅎ 좋은 하루 보내세요.

- 텔레파시가 통했나 봐요. 저도 문자보내려 했는데ㅎㅎ~행복한 시간되세요^^*

- 방그리^^ 반가운 노크에 마음이 즐거워지네요(행복한 마음이 몽실 피어오릅니다)^^ 행복한 시간되셈^^

- 나마스테!^^ 고맙습니다. 남은 시간 행복한 마음만 깃들길 바랍니다^_^

  ➜ 나마스테 : '소우주를 품고 있는 당신을 사랑합니다' 라는 뜻의 티베트어로 감사를 대신하는 인사말

- 하이룽! 방갑습니당^^ 잘 지내시죠?! 제가 먼저 노크해야 했는데. 미안^^*

- ○○님! 방그르 인사합니다^^* 고맙습니다. 늘 행복하셔요. 꾸뻑^^

- 잊지 않고 안부 내려주시는 ○○님의 마음 씀씀이에 더 행복한 오늘입니다. 좋은 하루되삼^^

- 반가운 걸음 감사드립니다! 잘 지내고 계시죠?! 늘 행복하셔야 해요^^

- 고맙습니다. 앞으로 ○○님의 마음의 언어 제 문자보관함에 가득 채워주세요^^

- 이렇게 잊지 않고 놓으신 정겨운 흔적에 님의 마음 온기가 전해옵니다. 고마워요^^*

MMS용 문자메시지 명품글귀

- ○○님께 아침인사 문자를 받으면 제게 행운이 찾아오는 것 같아요^^ 고마워요. ○○님도 행운의 여신 만나는 좋은 하루되세요^^

💬 제 폰에 수놓은 고운 문자에 뭉게구름 같은 미소 담아 띄워 보냅니다^^ 고맙습니다. 좋은 시간되세요^^

💬 반가워요. 행복으로 부푼 아침~보내주신 정에 행복 가득합니다^^★ ○○님도 행복한 하루되세요~(아침에 인사문자 왔을 때 띄우는 문자 글귀)

💬 ○○님! 방그리^^ 오랜만에 ○○님의 고운 흔적을 제 폰 안에서 접해봅니다^^ ○○님도 행복한 하루되세요.

💬 어쩜 이리도 텔레파시가 통했을까요? 지금 ○○님 생각하며 문자보내려고 했는데^^ 고마워요. 잘 지내시죠?? 늘 행복하기만 하셔야 해요^?^

💬 아침부터 좋은 문자 접하니 기분이 넘 상쾌하고 좋네요^^ ㅈ ㅈ. ○○님도 행복한 마음만 깃드는 좋은 하루되세요^^★★

❯ 통화 후 바로 문자로 답신하는 멋진 감동문자

첫 통화 후 보내는 문자메시지

- ♡좋은 분과 통화하게 되어 매우(너무) 기뻤습니다. 따스한 봄날 향기 가득하세요(싱그러운 봄처럼 고운 하루되세요)♡
- ♡좋은 분과 통화하게 되어 매우(정말) 기뻤습니다. 더위에 건강히 좋은 (행복한) 하루되세요♡
- ♡좋은 분과 통화하게 되어 매우(몹시) 기뻤습니다. 풍요로운 가을향기 가득한 하루되세요.
- ♡좋은 분과 통화하게 되어 매우 기뻤습니다. 흰눈처럼 새하얀 좋은 하루되세요♡
- 정말 좋으신 분과 통화하게 되어 몹시 기뻤습니다. 고맙습니다. 행복한 (즐거운, 기쁜) 하루되세요♡
- 고운(해맑은, 상큼한, 청초한, 밝은, 매력적인, 고아한 등) 목소리가 풀잎에 맺힌 이슬처럼 영롱하게 가슴을 적셔주네요^^
- 저는 ○○님이 천사인 줄 알았습니다^^ 음성이 참 맑고(밝고) 좋네요.
- ○○님! 어쩜 목소리가 그리도 고우세요. 저는 10대 소녀인 줄 알았습니다^^
- ○○님과 통화하면서 무척 좋으신 분이란 걸 직감했습니다^^
- 오늘 통화 감사합니다. 고운 목소리만큼 행복한 날 되세요. 감사합니다^^★
- 왜 진작 이렇게 좋은 분과 통화하지 않았는지 후회 막심합(입)니다^^ 행복한 하루(시간)되세요.
- ○○님의 음성에서는 (고운) 향기가 느껴집니다. 멋지십니다^^★
- ○○님! 고맙습니다. 축복받는 고운 하루되세요.(맞이하세요, 고운 시간되세요~)

📱 어쩜 그리 목소리가 고우세요. 제 마음을 온통 빼앗기네요^^ 좋은 하루
되세요.

일상적인 통화 후 보내는 문자

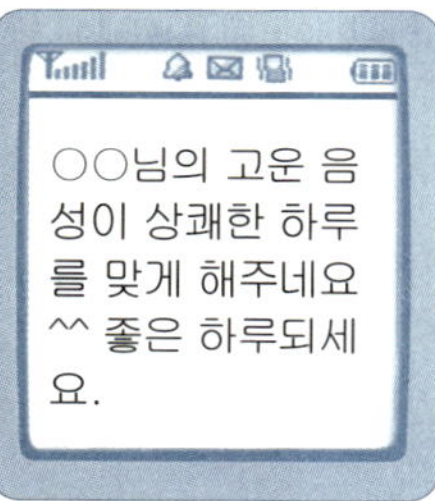

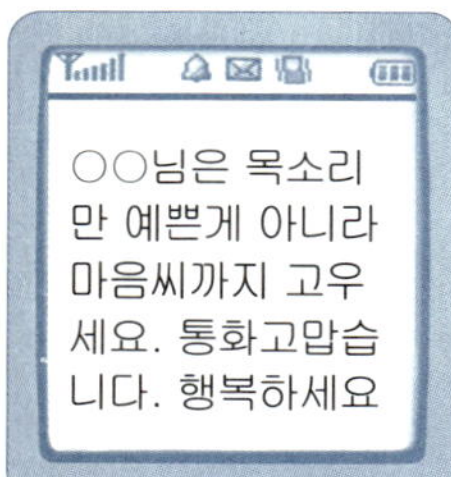

📱 ○○님의 고운(밝은, 예쁜, 귀여운, 상냥한 등) 음성이 귓가에 사뿐히 내려
앉는 느낌입니다♬

📱 고운(밝은, 예쁜, 귀여운, 상냥한 등) 음성에서 고운 심성~묻어나네요. 고운
심성만큼 아름다운 시간되세요.

📱 ○○님! 오늘~통화 정말 감사합니다. 행복한 하루되세요.

📱 전화선을 타고 가슴에 꽂히는 ○○님의 음성에 하루 피곤이 싹 가십니다
^_^

📱 ○○님께서 흔쾌히 통화를 허락해줘서 기분이 무척 상쾌합니다. 유쾌한
하루되세요.

📱 은은하면서도 정겨운 목소리가 아직도 귓전에 맴돕니다. 늘 행복하세요.

📱 바쁘신 중에도 따스한 마음으로 받아주셔서 고맙습니다. 행복한 하루되
세요.

▣ 통화~감사해요. ○○님의 그 고운 음빛깔이 향기로워 가슴에 품어갑니다^^

▣ ○○님과 통화 후 기분이 편안해지면서 더 열심히 해야 할 것 같아 긴장 중입니다^^*

▣ 바쁠 텐데도 내(제) 말(씀) 모두 들어줘서 정말 고마워(요). 즐겁게 지내(세요)^^

▣ 다른 사람을 편안히 해주는 고운 음성과 같이 고운 나날 되세요. 고맙습니다.

▣ 제게 전해주신 고운 마음의 정만큼 행복한 시간되세요. 감사합니다^^*

▣ 통화 후 제 마음속에 울리는 ○○님의 목소리에 마음~매달아 놓습니다^^

▣ 온화한 목소리에 따스한 마음이 솔솔 풍기네요. 오늘도 좋은 하루 가꾸세요.

▣ ○○님의 밝은 음성이 머물 때마다 좋은 느낌으로 마음이 붙들리네요^^

▣ ○○님과 통화해 기분이 '업' 되는 아침입니다^^ 오늘 하루 행복하세요♬

▣ 당신과 통화하고 나니 답답한 가슴이 뚫린 것 같아. 고마워

▣ ○○님의 곱고 깊은 마음의 소리를 가슴에 담아두었습니다. 즐거운 하루되세요.

▣ ○○님의 예쁜 음성이 하루를 더욱 빛나게 해줄 것 같습니다. 좋은 시간 되세요.

▣ ○○님의 해맑은 음성이 제 하루를 아름답게 수놓을 것 같습니다^^*

▣ ○○님과 통화하고 나면 이상하게 일이 잘돼요. 행운 몰고 오는 ○○님! 행복하세요.

▣ 통화 후 ○○님의 해맑고 은은한 음성에 푹 젖어 봅니다^^

▣ 오랜만에 ○○님 음성을 들으니 그리움이 파도처럼 밀려옵니다^6^

▣ ○○님 풋풋한 음성 듣고 감사의 마음안고 하루~멋지게 시작합니다^^

▣ ○○님 깊은 마음 냄새가 자스민향처럼 곱게 스미는 것 같아요^^ 행복하세요.

- 새싹의 느낌처럼 신선하게 전해오는(너무도 해맑은, 마음을 편안하게 해주는, 밝고 힘찬 등 상대방 음성에 따른 감성어필의 칭찬 글귀 명시) ○○님과 통화하고 나면~ 그날은 제게 행운이 오는 느낌입니다^^ 행복한 하루되세요.

- ○○님의 고운 목소리가 매력이 흘러넘치고 아침이슬처럼 영롱하네요. 그 모습 안으시고 오늘도 행복하세요.

- ○○님 음성에 희망의 맛 울림 담겨 있어 제게 희망바이러스가 전파된 기분입니다^^ 즐겁게 보내세요.

- 맑은 마음을 고운 음성으로 품어 제 감성의 자리 물들게 하는(하신) ○○님! 고마워요^^ 좋은 시간되세요.

⊙ 음성메시지 남겼을 때 보내는 답신용 멋진 감동문자

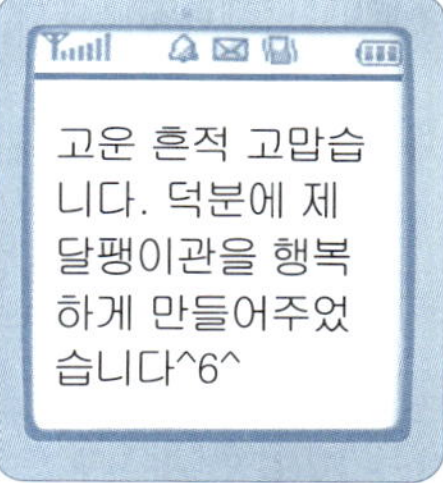

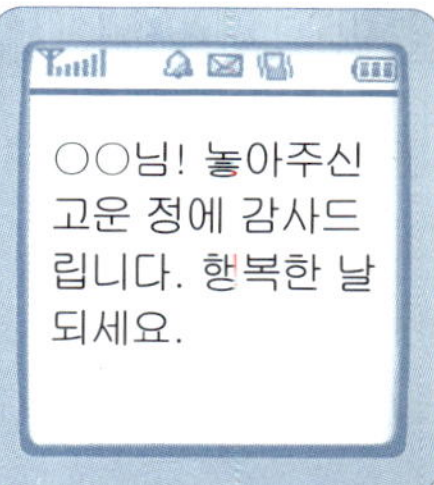

- ○○님께서 고운 정~내려주셨네요^^늘 고운(밝은) 모습처럼 행복한 시간되세요!
- 고마운 선물에 행복하고 감사의 마음 가득합니다(상대방이 좋은 결과를 이루게 하는 음성을 남겼을 때 사용).
- 제 폰에 햇살처럼 희망어린(너무도 좋은, 행복한 등) 말씨 놓아주셔서 고맙습니다.
- 제 폰에 고운 흔적 남겨준 감사함에 따스한 마음의 정 내어놓습니다^^
- 아름다운 목소리로 곱게 담아주신 메시지~감사합니다^^★
- 귀한 발걸음으로 음성메시지함에 고운 흔적 남기셨네요^^고맙습니다.
- 남겨주신 좋은 말씀에 감동먹고 고단한 피로를 말끔히 풀어봅니다^^ 고마워요~
- ○○님의 고운 음성이 마음을 흔들어놓네요^^ 고맙습니다. 좋은 하루되세요.
- 바쁘실 텐데 일부러 제폰에 머물러주신 귀한 걸음~감사드립니다.
- 말씀 잘 들었습니다. 오늘은 왠지 기분 좋은 일로 가득할 것 같은 예감입

니다^^*

- 반가운 목소리로 반겨주시네요. 이 시간 이후 일이 잘될 것 같습니다^^
- 그리운 목소리 고운 흔적~만나게 해주셔서 고마워요.
- ○○님의 고운 모습 떠올리며 들어보았습니다. 따뜻한 흔적 감사드려요.
- 아름다운 목소리를 듣는 행복을 맛보며 폰 안에 잠시 머물러 봅니다.
- 제 폰에 놓아주신 말씀에 미소가 가득 번지네요^^ 오늘도 행복한 시간되세요.
- 고운 음성에 띄워 살갑게 마음 써주신 배려~오래도록 간직하겠습니다.
- 귀한 발걸음으로 고운 흔적 남겨주셔서 감사합니다.
- 놓고 가신 고마운 음성에 뭉게구름 같은 미소 띄워 보냅니다^^
- 고마운 음성메시지 듣고 제 맘 내려놓고 갑니다^^* 건강하시고 행복하셔요~
- 고운 음성으로 안부 놓아주셔서 감사드립니다. 좋은 하루되시어요!
- 고운 울림으로 마음 전해주신 ○○님 고맙습니다(감사합니다). 행복하세요^^*
- 제 폰에 고운 목소리 남기셨네요^^ ○○님 음성 대하니 기분이 좋아요~ 좋은 날 되세요.

04

용기와 희망을 심어주는 멋진

격려용 감동문자메시지

용기와 의욕, 희망을 심어주는 위로의 문자메시지는 받는 이의 삶에 시너지가 되어
성공을 향한 동력엔진을 가동해주는 소중한 디딤돌이요 시금석이 된다.

용기와 의욕이 샘솟는 격려문자를 띄워
기분 좋게 하라

힘에 부친 사람에게 용기를 심어주는 격려문자는 엔도르핀 역할 수행

인간이 다른 동물과 가장 크게 다른 점은 아는 사람이 힘에 겨워 할 때 위로하고 격려하면서 용기와 의욕을 심어준다는 것이다. 힘들어 하는 사람에게 위로와 격려의 말 한마디는 단순한 돈의 가치 이상으로 오래도록 빛난다.

흔히 많은 말 중에서 가장 귀하고 아름다운 말은 격려의 말이라고 한다. 그러므로 일상생활의 반려자 같은 문자메시지의 역할 중 빼놓을 수 없는 것은 아는 사람들에게 힘과 용기와 격려의 글귀를 띄워 보내 삶에 의욕을 갖도록 엔도르핀을 제공해주는 것이다.

'기쁨은 나누면 배가 되고 슬픔은 나누면 반으로 줄어든다' 고 하듯이 힘들고 지친 사람에게 따스하게 전하는 살가운 문자메시지는 행복 바이러스를 전파하여 마음의 청량제 역할을 하고, 상대방이 그 고마운 감정을 길이 간직하게 만든다. 또 용기를 갖게 해주는 문자는 인간관계의 친숙을 도모하는 소중한 씨앗 역할을 한다.

힘들 때 도움 되는 친구가 진정한 친구라 하듯이 시기적절한 때에 살갑게 전해주는 정성이 묻어난 단문편지는 내 가치를 높여줌은 물론 상대방의 기분을 업(Up)시킴으로써 새로운 희망의 이정표를 제시해주는 시금석이 되기도 한다. 위로의 말 한마디와 문자 한 통이 힘든 일을 당한 사람에게는 큰 힘이 되어준다.

용기와 격려를 심어주는 문자는 잔상효과가 뛰어나다

살다보면 어렵고 힘든 일들이 여러 편의 드라마같이 참 많이도 등장한다. 그럴 때 누군가 위로의 말 한마디라도 해준다면 여간 힘이 되는게 아니다. 초심을 잃지 않고 열심히 뒷심을 발휘하여 소기의 목적을 달성하도록 살갑게 보내주는 문자메시지 한 통에 상대방은 용기 백 배할 수 있다.

특히 사랑하는 가족의 영양가 만점 응원의 메시지는 마음속에 잠자는 거인(잠재능력)을 깨우는 초석이 되기도 한다. 부모의 마음이 묻어난 정겨운 문자는 공부하는 자녀에게 부모 사랑의 깊이를 느끼게 해주면서 용기를 심어주고 의지력과 미래의 꿈을 키워준다.

부모의 문자는 자녀들에게 그 어떤 말보다도 그 어떤 약보다도 더 보약이 될 수 있다. 비록 서툰 버튼 눌림으로 약간의 오타가 발견되더라도 가슴으로 보낸 문자에는 생명력이 숨 쉬므로 자녀는 이를 휴대전화가 아닌 가슴에 간직하게 된다. 단, 자녀에게 문자를 보낼 때는 너무 훈계조이면 오히려 역효과가 나므로 살갑게 보내야 한다.

비즈니스의 경우 고객들이 힘들어 할 때 위로 문자를 살갑게 띄우면 격려와 감동을 많이 안겨준다. 사람은 힘들 때 물심양면으로 도움을 받으면 더 오래 기억하고 그 고마움을 오래 간직한다. 때로는 물질적인 도움보다 마음의 도움이 더 오래간다. 아픈 사람에게 용기를 심어주는 문자만큼 위로가 되는 것도 드물다. 직접 찾아갈 수 없을 경우 문자라도 꼭 보내야 한다.

용기와 격려는 기적을 낳는다는 말이 있듯이 용기와 격려를 심어주는 문자는 한 떨기 꽃과 같이 곱고 아름다운 마음과 희망의 향기를 선사하므로 그것을 받는 사람에게는 최상의 선물이 될 수 있다. 이때 관련 이모티콘이나 메시지 아이콘을 사용하면 더 효과적이다. 이참에 힘들어 하는 사람들에게 용기와 격려의 문자를 심금을 울리도록 멋지게 만들어 띄워보자. 그러면 그 메아리가 고운 향기가 되어 몇 배로 돌아올 것이다.

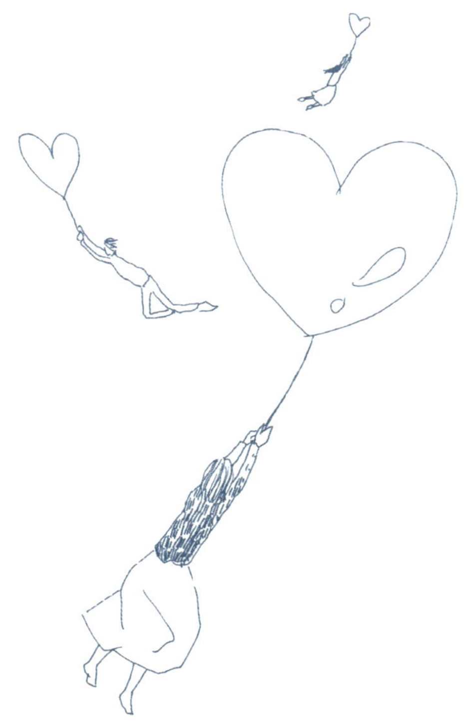

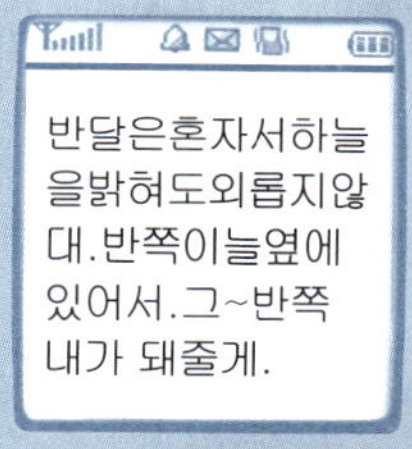

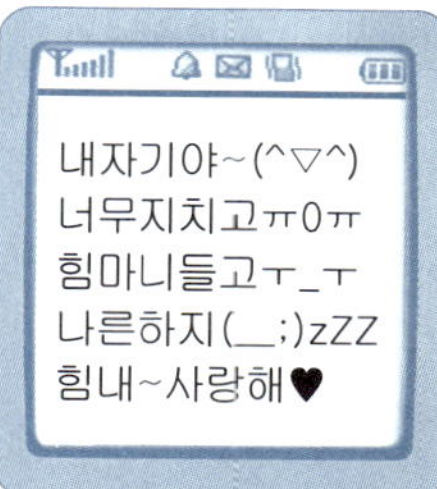

- 자기가 옆에 있어 얼마나 힘이 되는지 알지? 늘 곁에 있어줘 무지 고맙고 사랑해~!

- ○○야! 사랑과 열정으로 우리 꿈 향해 같이 힘차게 파이팅하자~파이팅!^^

- 어제보다 덜 춥지만 춥다~ 추워. 마눌(남편)표 차 한 잔 마시고 오늘도 파이팅^^

- 오늘 무지 덥지(춥지)? 여보야~마눌(남편)표 아이스크림(군고구마) 먹고 오늘 하루도 파이팅^^

- 난 이 세상에서 당신이 가장 자랑스러워. 당신이 유일한 수호천사야!

- 자기야! 자긴 혼자가 아닌 나와 둘이야! 울 서로 함께하면 모두 잘될 거야! 그치?^^

- 내가 필요한 날~부르면 당신께(한테) 무조건 달려갈게. 당신 곁엔 늘 내가 있음을 기억해.

- 마음도장~콩콩콩~일 열심히 하라고 당신 가슴에 살포시 다녀가~자기야! 빠샤★^^★

- 내 공주님! 오늘 하루도 공주처럼 우아하고 예쁘게 지내기♥♥♥

- 내 왕자님! 오늘 하루 당신이 최고로 멋진 왕자님이 되길. 파이팅!^-^♥

- 울 자기야! 토닥토닥︿︿ 오늘도 즐겁게 일하고 화려하게 귀가해. 알았쥼 ^?^♥

- 자기야! 내 향기 당신한테 날려 보내. 오늘도 향기에 취해 열심히 해. 자기 최고︿︿

- 지쳤을 땐 뒤에서 즐거울 땐 앞에서 위로할 땐 옆에서 항상 자기와 함께 할게︿︿

- 이 문자 볼 때 내가 보낸 텔레파시가 에너지로 승화돼 오늘 하루 더 힘내길 바래︿︿

- 내 자기야~오늘은 내가 자기 꿈속에 찾아가서 불침번 서줄게~걱정 말고 푹자♡

- 당신이 필요로 할 때 항상 당신 곁에 머물러 있을게. 파이팅!

- 출출한 시간(나른한 오후), 새참(간식)입니다.(음식 아이콘 명시) 맛나게 먹고 힘내~

- 당신의 나의 배터리!입니당︿︿* 자기야 ○_○ 오늘도 으쌰으쌰 힘내! 따랑해용︿︿~

- ○○야! 힘내~너무 힘들어 하지 마. 지금도 멋져~* 다른 사람들은 그럼 얼마나 힘들까︿︿

- 자갸!~당신의 열정적인 모습 넘 보기 좋아(멋져, 아름다워 등 적당한 수식어 명시)! 오늘도 나랑 같이 파이팅♡♥︿︿*

- 자랑스러운 내 자기야! 오늘도 힘내. 영~차! 빠샤! 사랑해^.~♡♥

- 우리 자기 멋진 자기 짱~︿︿ 오늘도 파이팅~힘내요~♥*_*

- ○○야! 내가 늘 곁에서 열심히 응원하는 거 잊지 말고 오늘도 파이팅~!!♡♡

- 자기야! 당신은 이 세상에서 최고로 멋진 남자(아름다운 여자)야! 사랑해~^●^

- ○○야! 오늘도 우리 내일의 행복 향해 파이팅!~^^사랑해♡

- 자기야! 오늘 하루 기분 좋게 출발하고 멋지게 마무리 위해 고고씽~^^
  사랑해♥♥♥

- 하이룽~자기야! 방그리^_^ 오늘도 예쁜 내 생각만 하며 파이팅^^ 마니
  마니 사랑해!

- 자기야! 오늘 잘 보내. 내가 당신한테 좋은 기운 큐피트화살로 쏴 보냈
  어^^ 파이팅!

- 토닥토닥♪^^ 울 자갸! 넘 수고 많아 어쩌지? 고맙고 만땅으로 사랑해.
  오늘도 빠샤^^

- 당신 힘들 때 언제나 기댈 수 있는 넉넉한 어깨가 되어줄게.

- 당신 힘들 때 내 얼굴 보며 웃음을 지을 수 있도록 항상 웃고 있을게^^

MMS용 문자메시지 명품글귀

- 매일~아침을 가장 먼저 열어주는 사람이 당신이어서 얼마나 행복한지
  몰라. 오늘 하루도 좋은 일만 잔뜩 생겨야 해 꼭^^ 아자! 사랑해♥

- 힘들고 지칠 때 넓은 바다에 홀로 남은 기분이 들 때 자기에게 언제나 힘
  이 되어줄 수 있는 그런 나룻배가 되어줄게. 사랑해♥

❷ 사랑하는 사람이 힘들어 할 때 용기를 주는 멋진 격려문자

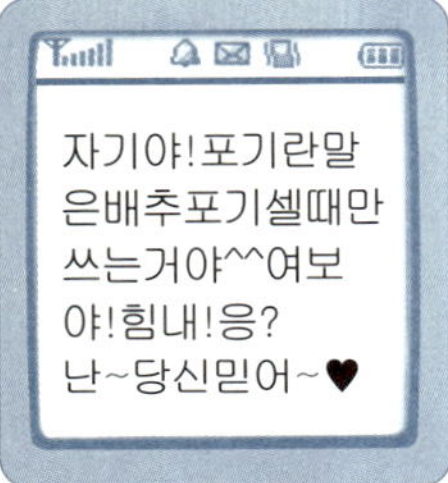

- 힘들고 괴로울 때는 언제든지 노크해줘. 당신 수호천사가 늘 대기하고 있으니까^^

- 토닥토닥! 자기야! 힘내! ∞= 내가 늘 응원하는 거 알지~빠샤! 싸랑해 ♥♥♥

- 내가 당신 엔도르핀 역할 제대로 못해주나봐! 자기 힘내. 엔도르핀 팍팍 생기게 해줄게^^

- 지금 마니마니 피곤하지? 이거(음료수 아이콘 표시) 마시고 힘내^−^ 자기야! 오늘도 빠샤!

- 사랑의 비타민 듬뿍 줄게(비타민이 많은 과일 아이콘 표시)! 피로야! 팍 저리 가랏! 얏!

- 불났을땐119, 도둑오면112, 심심할땐369, 힘들땐○○○(핸드폰번호) 자갸~무조건 눌러^^

- 자기야! 지금 포기하려고? 포기는 내가 배추 자르며 셀 테니 당신은 용기가져^^아자!!

- 여보(자기)야! 당신의 웃음^−^이 오늘 내내 가득했으면 좋겠어♥ 사랑해.

- 자기야! 내마음엔~늘 당신밖에 없어. 나~날마다 당신위해 기도하는 거 알지? 힘내!

- 내게 이 세상에서 가장 소중한 자기야! 힘내. 파이팅!! 사랑해~ 마니마니!

- 항상 미소지으며 웃게 만들고 내편이 되어주는 고마운 당신~오늘 하루도 파이팅!

- 자기(여보)야, 당신은 내(우리집) 희망이야! 내게 그 희망의 불꽃 항상 피워줘. 사랑해.

- 자기야! 난 자기가 얼마나 자랑스러운지 몰라! 내겐 당신이 최고야! 힘내. 사랑해.

- 자기야! 잠시 무거운 짐 훌훌 털고 기분전환 해. 내가 당신 몫 대신할게.

- 자기야~힘들 때는 언제든지 내게 ☎해. 당신의 수호천사가 되어줄게^-^

- 내겐 ○○가 이 세상에서 제일 멋져 보여. 그런 날 실망시키지 마! 파이팅!

- 당신 힘들면 언제라도 내게 기대. 당신 꼭 안고 멋진 세상 내 손으로 다시 열게.

- 울 자갸~이따 꼬옥~♥ 안아줄게용~힘내요~쫍쫍♡♥ * 아자!

- 자기야! 사랑해!♥ 힘내! 아자아자! 빠샤! 이건 엔도르핀 비타민 뽀~뽀~ㅎㅎ

- 여보야! 절대 포기하지 마. 나를 위해, 애들 위해. 사랑해! 아주 마니마니~

- 나는 굳게 믿어~당신이 반드시 다시 일어서리란 걸~약속 ☞☜ 홧팅!!^^*

- 일이 꼬여 힘든 날~아무도 당신 몰라줘도 나는 늘 당신과 함께함을 기억해줘.

- 자기야! 힘들 땐 당신위해 기도하는 내가 있음~기억하. 그럼 힘이 팍 솟을 거야^^

- 자기야~기쁨과 슬픔은 서로 나누라고 가족이 있는 거잖아! 힘내! 나도 힘 보탤게.

- 자기야! 당신은 우리 집 미래를 짊어질 캡틴이자 중심이야! 힘내~사랑해!

- 힘들 때마다 생각나는 내 유일한 사랑 ○○○! 오늘도 파이팅!
- 자기야! 생긋ㅎㅎ. 사는 인생 조금 힘겨워도 늘 당신과 함께하면 만사 OK~♬ 아자!^^★
- 내 삶의 기둥(수호천사) 신랑아(색시야)^^ 오늘도 힘내(세요)^^ 아자아자 파이팅~
- 내 눈물 흐를 때 닦아주고 용기를 심어준 ○○! ○○ 곁엔 내가 있다는 걸 기억해.
- 자기야! 괜찮아~잘될 거야. 우리 조금만 더 힘내자. 응! 사랑해~
- 자기야! 내가 늘 당신의 나른함(피곤함, 힘듦)을 이겨내는 사이다가 돼줄게.
- 힘내. 자기야 사랑해. 자기뿐이야. 자기 없음 아무 의미가 없어.
- 당신 힘들어 하니 우울하고 나도 힘들어지네. 자기야, 우리 힘내자! 파이팅! 사랑해.
- 자기야! 일은 힘들지만 내 사랑 당신이 있어서 정말 행복해. 힘내! 열심히 일할게!
- 잘자 ~좋은 꿈꾸고. 악몽 꾸면 나한테 말해 그 꿈 쫓아줄게!)_<힛⋯
- 당신의 아름다운 노력의 결실이 빛을 발할 날이 꼭 있을 거야! 힘내. 파이팅!
- 당신 인생 최고의 날은 아직 살지 않은 날들이다(토마스 바샵). 자기야 힘내. 파이팅!
- 힘내. 당신은 내게 너무도 귀한 존재야. 당신이 있어 내 삶에 의미가 있을 만큼.
- ○○야! ○○는 충분히 잘할 수 있어~난 확신해. 아자아자^^~힘내^-★ ♥ₒ♥★
- 울 자기 기운 없어? 자기야! 내 남은 기운 몽땅 자기한테 보낼게. 힘내. 사랑해.
- 자기야! 당신과 함께라면 어떤 어려움도 이겨낼 수 있어. 우리 같이 노력해. 힘내^^

- 자랑스러운 내 사랑 자기야! 당신은 내 삶의 길잡이야. 오늘도 파이팅! 사랑해♡
- 내 소중한 단 한 사람 자기야! 힘내. 자기 하는 일 꼭 잘될 거야! 난 믿어. 아자^^♡
- 사랑하는 자기야! 자긴 내 인생의 전부야. 힘내. 반드시 잘 될 거야. 홧팅^^ 사랑해♥♥

MMS용 문자메시지 명품글귀

- 이 세상에서 내게 가장 소중한 단 한 사람. 자기야! 자기 힘들어 하면 난 어떻게? 날 위해서라도 용기 잃지 마! 응? 사랑해♡
- 멋있는 말은 당신 위해서라면 모든 걸 감내한다는 위로의 말이라는 데 자기야 나 당신 위해선 정말 모든 거 참고 견딜 수 있어. 힘내. 응?
- 내겐 당신밖에 없어요. 당신이 힘들어 하는 짐 내게도 넘겨줘요. 같이 노력하면 다 잘될 거야. 사랑해요.
- 언제나 내 안에 머문 너무도 사랑스러운 내 자기야^^ 나 늘 당신 잘되라고 비는 거 알지! 오늘도 파이팅!
- 이 세상에서 제일 소중한 내 반쪽 자기야! 오늘도 잘 보내. 힘내고. 당신 곁엔 내가 있잖아. 파이팅. 사랑해^^
- 여보야! 우리 조금만 더 참고 노력해. 응? 반드시 우리 앞에 행복의 열매 주렁주렁 열린 축복의 나무가 나타날 거야! 내 그리되도록 꼭 만들게!
  (남편이 아내에게 보내는 격려문자)

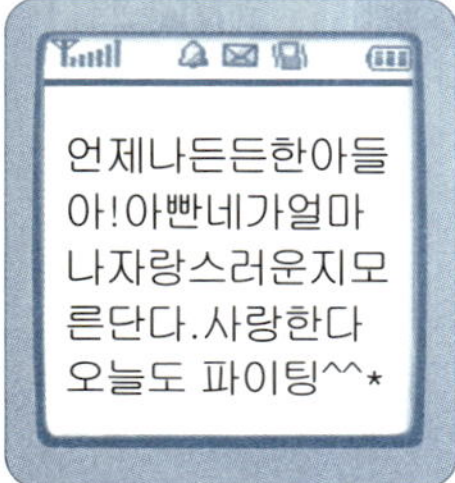

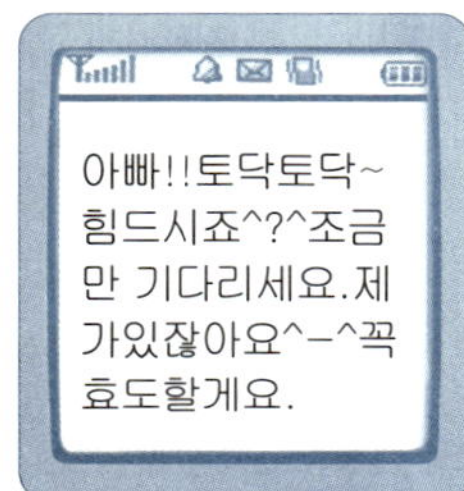

부모가 자식에게 보내는 감동의 격려문자

- 아들아(딸아)~일이 많이 바쁘니? 보고 싶다. 언제나 널 사랑한다. 힘내!! 알았지^?^

- 딸(아들)아! 아빠는(엄만) 널 믿는다. 네가 하는 일 반드시 좋은 결실 있을 거란 걸. 파이팅!!!

- 사랑하는 내 딸(아들)아, 잘 지내고 있지^?^ 많이 보고 싶구나. 몸조심하고…(객지에 나가 있는 자녀에게 보낼 때)

- 사랑하는 내 아들(딸)아! 아빠는(엄마는) 네가 있어 얼마나 힘이 되는지 알지?? 사랑한다! 파이팅^^

- 사랑하는 아들! 아빠 네가 얼마나 든든하고 자랑스러운지 몰라. 네 뜻 꼭 이뤄. 파이팅!

- 자랑스러운 아들아! 믿음직하게 커줘서 정말 고맙다. 사랑한다. 앞으로도 파이팅^^

- 예쁘고 소중한 딸아! 네 덕분에 가정에 늘 웃음꽃 펴 고맙다. 사랑하는 딸 파이팅^^

- 늘 우리 가정 밝게 해주는 예쁜 내 딸아! 아빠(엄마) 네가 있어 행복해. 사랑한다.
- 가족은 서로가 서로에게 아낌없이 힘을 보태고 걱정이 있을 때는 나누어서 반으로 줄게 하고 기쁨은 나누어서 배로 늘게 한다(박완서). 내 소중한 아들(딸)아! 힘들 땐 언제고 말해 알았지?! 사랑한다(MMS)

힘들어 하는 부모의 모습을 본 자녀에게 문자 보낼 때

- 사랑하는 아들(딸)아! 엄마(아빠) 하나도 힘 안들어^^우리 열심히 노력해서 행복하게 살자^^
- 아빠(엄마)는 우리 딸(아들) 믿어 걱정하지 말고(미안하다는 생각말고) 네 일만 열심히 해. 알았지?? 사랑한다.

자식이 부모에게 보내 힘을 실어주는 감동문자

- 아빠(엄마),화이팅!!사랑해요~♡아빠(엄마)!!힘내세요~♬우리(자녀이름)가 있잖아요~♡^-^
- 멋쟁이 울 아빠! 정말 사랑해요. 아빠! 항상 건강하셔야 해요^^ 오늘도 파이팅하시고요^^
- 엄마(아빠)!! 토닥토닥♬~ 힘드시죠^?^조금만 기다리세요. 제가 있잖아요. 꼭 효도할게요^^
- 천사같은 엄마!! 저도 엄마같이 천사될게요. 엄마 지켜주는 수호천사^^ 사랑해요~★^^
- 최고로 고운 울 엄마! 한없이 사랑해요. 엄마! 언제나 고맙습니다. 힘드셔도 조금만 참으세요. 제가 꼭 효도할게요^^★(MMS)

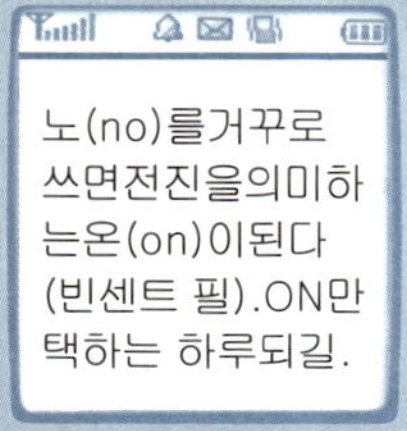

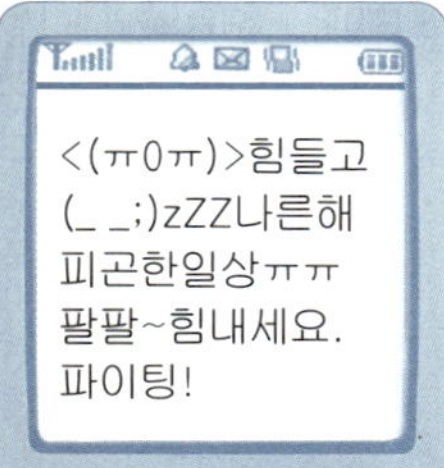

- 오늘 내내 좋은 일 기쁜 일만 마니마니 생기는 행복만땅의 날 되삼^^

- 오늘도 즐겁고 행복한 마음으로 멋지게 열어 화려하게 귀가하는 좋은 날 되세요*^^*

- 지치고 힘들고 나른한 일상이지만 항상 힘내세요. 아자! 울랄라~(^^~) 토닥토닥^^

- ○○님! 파이팅! 힘내세요♪~저희도 있잖아요(^^~)

- ○○님! 오늘도 파이팅입니다~! 아자아자~^^ 힘내시고 멋진 모습 보여주세요.

- 파이팅~힘 내세욧~!^^ 성공(희망, 진학, 취업 등)의 길은 반드시 있습니다.

- 인생은 쉼이다(격언). 힘들어질 때면 편안한 쉼도 필요합니다. 용기 잃지 마세요.

- 우리가 감당치 못할 때는 반드시 피할 길이 있다(노먼 빈센트 필). 힘내삼^^

- ○○님이 제 문자를 볼 때 문자마다 에너지로 승화되어 일이 잘되길 바랍니다.

- 햇살처럼 따스한 마음과 환한 웃음만 곱게 여울지는 행복한 날 되세요

^★^ 파이팅!

- 오늘 좋은 일들만 마니 생기라고 제가 기운 전해줄거요. 아자아자. 파이팅^^★

- 저는 미끈한 ○○님이 일처리를 화끈하게 잘하리라 딛습니다. 파이팅^^

- 행복은 마음속에 있다고 합니다. 미소로 행복 담그는 기쁜 날 되세요. 홧팅!!^^

- 오늘은 왠지 ○○님한테서 좋은 소식 들릴 것 같아요^^ 기분 좋은 날 꼭 되세요(열어가세요)^^

- ○○님! 오늘 하루도 좋은 일만 생기는 행복하고 멋진 시간만 이어가세요^^

- 오늘 하루도 좋은 생각 좋은 만남으로 향기나는 고운 하루 보내세요. 화이팅!!!

- ○○님! 방그리^^ 좋은 아침이네요. 오늘 내내 고운 행복감으로 홧팅입니당(하시어요)^^

- ○○님! 방그리^^ 오늘 하루 내내 즐거운 마음만 깃드는 행복한 시간되세요^^ 홧팅요!^^

- 기쁨은 +더하고 슬픔은 −빼고 웃음은 x 곱해서 행복하고 즐건 하루 보내길…

- ○○님의 꿈을 위해 오늘도 즐겁고 신나는 하루되시길 바랍니다.

- 아침부터 힘차게 출발해 오늘도 꼭 승리하세요. 파이팅^^

- 으쌰으쌰 ~ 오늘도 기운내야겠죠?^^ 막 달리자! 좋은 하루되세요.

- 제가 아자아자~~힘! 팍~드립니다. 그럼 오늘도 힘차게 파~이~팅~하며 출발^^

- 초심 잊지 말고 뒷심 발휘해 좋은 결실 거두는 소중한 하루되길 소망합니다^^

- 이름 모를 야생화가 지천에 아름답게 피듯 꼭 잘 해내리라 믿습니다. 파이팅!

- 휙~휙~○○님에게 짜증은 몽땅 사라지고 웃음만 가득하길! 파이팅!

- 생긋^^★★ㅎ 인생이 만만치 않지만 ○○님과 함께하면 만사 OK! 즐건 하루되세요~♬

- ○○님! 오늘 하루도 희망의 웃음으로 맞이하면서 힘내세요!! 아자아자!

- 어제보다 나은 오늘을 위해서~아침부터 멋지게 출발하세요. 홧팅!!^-^

- 반복되는 일상~기지개 한번 활짝 펴고 새 기분으로 상큼하게 시작하세요.

- 꽃들이 슬슬 얼굴을 내미네요! 일을 향한 열정의 불꽃도 솟아나길~ 홧팅!!

- ○○님에게 원통과 울화통은 사라지고 앞으로는 운수대통만 있길 바래요. 아자^^

- ○○님에게 비통, 애통은 저 멀리 가버리고 화통하게 웃는 일만 있길 바랍니다.

- 저는 ○○님이 맡으신 일 너끈하게 잘해 화끈히 마무리하리라 믿습니다. 파이팅!

- 일할 때 걸림돌 있더라도 오뚝이처럼 벌떡 일어서 힘차게 나가는 하루되삼.

- ○○야! 어쩜 이리도 잘하는지 네가 자랑스러워. 나도 배워야 할까봐. 그 비결을^-^(더욱 분발을 암묵적으로 요구할 때 활용)

- 꿈을 찾는 것도 꿈을 향해 길을 걸어가는 것도 자신이다(토마스 바샵). 힘내세요.

- ○○님! 오늘 하루 내내 기쁜 일만 생겨 행복한 마음이시길 바랍니다^^

- 당신이 할 수 있는 좋은 일은 다하라(존 웨슬리). 오늘도 즐겁게 지내세요. 파이팅^^★

- 오늘은 ○○님에게 꼭 기분 좋은 일이 생길 겁니다. 힘내세요. 파이팅!!^^~

- ○○님! 안녕하세요?? 오늘 하루 꿈꾼 일 모두 이뤄지라고 파이팅!! 내려놓고 갑니다^^★

- ○○님! 오늘도 아자아자! 파이팅! 합시다^^ 힘힘힘~내세요. 좋은 소식 기다릴게요^^★

- 헤라클레스 같은 용기로 푸른 희망 넘실거리는~당당한 ○○님 모습 보여주세요. 아자!
- 가슴에 열정을 품은 용기있는 사람만이 성공을 쟁취할 수 있답니다! 오늘도 파이팅!!
- 오늘도 목표를 향해 힘차게 Go.For.It!─ㅎㅎ^^* 좋은 하루되세요. 파이팅!^ㅇ^♬
- ○○님 열심히 일하시는 모습이 멋지고 자랑스럽고 존경스럽습니다! 파이팅!♥^^
- 지금까지 쏟은 노력~헛되지 않게 마무리 잘하세요! 힘내세요!^^!
- 열심히 하시는 그 모습이 정말 멋있어요ㅜㅜ♥ 조금만 힘내세요!! 아자아자~^^ㅎㅎ
- 이번 달 수고 많으셨어요~>ㅁ< 앞으로도 좋은 모습 보여주세요(^▽^) 아자~^ㅇ^♬
- 웃음은 행복이자 성공의 징표랍니다. 웃는 얼굴로 꼭 성공하시기 바랍니다. 방그리^^
- ○○님! 힘내세요~!파이팅~!^^ ○○님은 반드시 하실 수 있어요~ 고고싱♬
- 노력하는 모습이 참 아름답게 와닿습니다~최고입니다!! 계속 파이팅요!!♥ㄱㄱ싱^^*
- 항상 열심히 하는 모습이 아름다워요(아름답습니다)^^ 오늘도 파이팅하세요.
- 항상 최선을 다하는 열정적인 모습이 정말 아름답습니다>~<오늘도 파이팅하세요!^^
- ○○님! 오늘 내내 웃음꽃 피우는 날 되세요. 미소는 천국행 티켓이랍니다. 아셨죠^?^
- 미소 속에 행운이 깃든답니다. 활짝 웃는 얼굴로 멋진 하루여세요! 방긋^^
- 온 세상이 ○○님 것으로 만들어지는 하루되도록 오늘도~활기찬 파이

팅!~하세요!

- 행복은 성적순이 아닌 셀프랍니다~행복한 시간 안에만 머무는 좋은 하루되삼^^

- 기쁜 마음속에선 슬픔이 자라지 못한다(채근담). 웃는 얼굴로 멋진 하루여삼^^

- 웃음으로 시작하라. 그럼 인생에서 성공할 것이다(지그 지글러). 방긋 웃는 하루되삼.(방그리^^ 하셈~)

- 모든 성공의 시작은 웃음이다(지그 지글러). 웃음꽃 피우며 즐겁게 보내삼. 파이팅!

- 미소는 평화와 기쁨을 길러준대요. 미소 짓는 하루되세요. 방그리^^

- 오늘은 ○○님에게 행운이 찾아올 예감입니다^^ 좋은 하루되세요. 파이팅!!

- 오늘은 ○○님께 꼭 좋은 일 생길 겁니다. 꼭 행복한 하루 보내셔야 해요 ^?^ 아싸^^

- 오늘도 마음에 희망과 용기 심어 축복만 깃드는 즐건 하루되삼^^ 홧팅!!

- 오늘 ○○님에게 좋은 일 많이 생기라고 행복바이러스 보내드립니다^^ 파이팅!!

- 밝은 미소 속에 희망찬 소망 알뜰히 영그는 기쁜 날(기분 좋은 하루) 되세요^^ 파이팅!

- 웃으면 복이 찾아온답니다. 밝은 미소로 행복한 시간 엮어가는 즐거운 날 되삼^^

- ○○님! 오늘 내내 좋은 일만 생기는 기분 좋고 아름다운 하루되세요. 파이팅!!

- ○○님! 오늘 내내 좋은 일만 생겨 행복꾸러미 가득 안고 화려하게 귀가하는 날 되셔요^^

- 오늘 하루도 ○○님께 행복한 마음만 깃들길 꼭~ 바랍니다^^

- 오늘 소망하는 모든 일들이 알차게 매조지어 기쁨 가득하길 바랍니다.

파이팅!★★^^★★

🖥 오늘 ○○님이 세우신 계획들이 모두 알차게 결실 맺길 소망(기도)합니
다. ><>< 홧팅!!!

🖥 소망하시는 꿈의 영금을 향해 힘차게 출발하는 희망찬(멋진) 하루되길
바랍니다. 홧팅!!^@^

🖥 오늘 내내 미소와 동행하면서 행복감에 젖는 좋은 날 되길 꼭 바랍니다.
파이팅 =^0^=

🖥 오늘 온종일 좋은 일만 생겨 행복감에 젖는 기쁜 날 되길 바랍니다. 파이
팅!!!^^★★

🖥 ○○님!! 새희망의 아침입니다. 오늘도 힘내시고 기쁜 날로 만드세요.
으랏차차♬^^

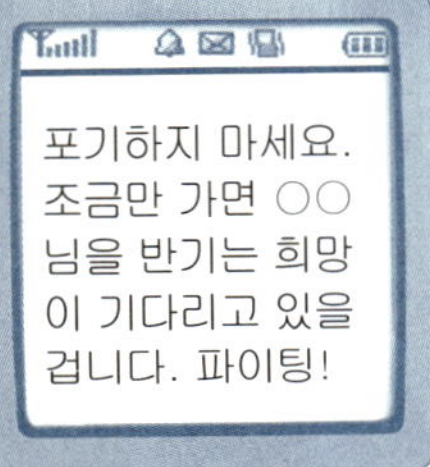

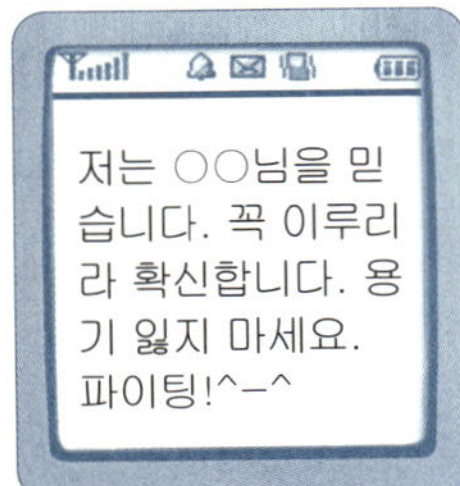

- 피할 수 없는 현재의 일을 즐기라 하듯~이왕 하는 일 즐겁게 하세요. 파이팅!
- 실패는 용서해도 포기는 용서 못한다(서양속담). 꼭 재기하셔야 해요.
- 두려워해야 할 것이 있다면 두려움 이외에는 없다(루스벨트). 자신감 갖고 파이팅^^
- ○○님을 대할 때면 언제나 밝은 모습에 행복이 묻어났는데, 그 모습 다시 보여주세요(주상)^^
- 인내는 쓰지만 열매는 달다고 했듯 조금만 더 힘내세요. 좋은 성과 있을 겁니다.
- 더위 속에 더 푸르게 크는 초목처럼 조금만 참고 힘내면 좋은 성과 이룰 겁니다.
- 추운 겨울에도 꽃을 피우는 인동초처럼 지금 어려움이 곧 기쁨으로 돋아날 겁니다.
- 비바람에도 갈대가 잘 자라듯 누구보다 의지 강하신 ○○님은 반드시 재기할 겁니다.

📧 힘내세요. 고스톱에서 초장 끗발 파장 맷감이라 하듯 반드시 성공할 겁니다. 파이팅!

📧 ○○님! 요즘 많이 힘드시죠? 토닥토닥^^ 힘내세요. 좋은 소식 있을 거예요. 아자^^

📧 힘내세요! 아픔은 잠시 접어두세요! 힘을 드릴게요! 아자아자~ 파이팅!^^

📧 방그리^^ 나약함을 이길 수 있는 자신감을 가지세요. 오늘도 파이팅^-^

📧 저는 ○○님을 믿습니다. 꼭 이루리라(성공하리라) 확신합니다. 용기 잃지 마세요. 빠샤^-^

📧 저는 ○○님을 믿습니다. 꼭 성공하리라는 것을. 힘내세요! 파이팅~^^★

📧 빨리 힘내셔서 유쾌, 통쾌한 일들만 가득하길 바랍니다(^^)

📧 쥐구멍에도 볕들 날 있듯이 비록 지금 삶이 고달파도 좋은 일 생길 겁니다.

📧 ○○님에게 비통, 애통 대신 의기소통 잘 이루어 만사형통되길 바랍니다. 파이팅!

📧 노력하는 자에게 길이 있다는 속담이 ○○님에게 진리로 다가올 겁니다. 힘내삼^^

📧 힘들더라도 두 손o(-"-)o 불끈! 쥐고 힘내세요. 으쌰~(★^_^★)

📧 희망은 버리지 않는 한 언제나 우리 곁에 있답니다. 힘내세요~! 잘될 거예요.

📧 늦지 않았습니다. 오늘부터 다시 시작하세요. 얼마든지 저기할 수 있습니다.

📧 ○○님! 앞으로는 ○○님이 바라는 대로 모든 일 화끈하게 잘 풀릴 겁니다. 힘내세요.

📧 운명은 기회가 아닌 선택 문제다(브라이언). 삶을 멋지게 개척하는 모습 보여주삼^^

📧 실패해도 다시 일어나는 사람은 운명도 비껴간다(영국격언). ○○님 꼭 성공할 겁니다.

📧 희망이 도망치더라도 힘의 입김인 용기는 절대 놓치지 마라(부데루뷔그). ○○님 파이팅!

- ○○님! 힘내세요. 반드시 좋은 일 생길 겁니다. 웃음과 여유 잃지 않으셨음 좋겠어요.

- ○○님! 좋지 않은 일은 던져버리고 앞으로 좋은 일만 가득하길 소망합니다. 힘내세요!

- ○○님은 의지력이 강하셔서 반드시 오뚝이처럼 일어나실(성공하실) 거예요. 파이팅︿︿

- 되면 한다가 아닌 하면 된다는 사람이 되라(격언). ○○님. 힘내세요. 홧팅!!︿︿

- 빛이 보이지 않는다고 중도하차하려는 인생만큼 어리석은 것은 없습니다. 힘내삼.

- 긴 터널 빠져나오면 아름다운 햇살이 ○○님께 따스하게 내려앉을 겁니다. 파이팅!

- 고통은 영혼의 질병을 치료하는 약이다(격언). 힘내세요. 파이팅!

- 힘내세요. ○○님은 제게 귀한 분입니다. ○○님이 있어 행복해 하는 사람이 있어요.

- ○○님의 불타는 열정~반드시 좋은 결실 맺을 겁니다. 힘내세요!o(︿︿o)

- 끝까지 포기하지 마시고 열심히 하세요. YOU CAN DO IT! 아자아자!︿︿

- 우리 팀(학교, 회사, 지점, 부 등 명시)의 얼짱 ○○님! 힘내세요! 믿어요. 파이팅*︿︿*

- ○○님! 힘내세요~○○님은 충분히 일어설 능력이 있다는 것 확신해요. 아자︿︿~~

- ○○님은 반드시 성공할 겁니다. 힘내세요. 으랏차차~파이팅!!︿︿ 아셨죠^?^*

- 내겐 너무도 멋진 ○○님! 반드시 좋은 소식 있을 겁니다. 오늘도 웃으며 파이팅︿︿

- 하루를 걱정, 포기, 후회 대신 웃음과 노력으로 환하게 맞으세요. 파이팅!︿︿

📱 오늘 하루 행복함으로 따뜻하게 안아보세요. 반드시 좋은 일 생길 겁니다. 파이팅^^

📱 보내드리는 희망바이러스 타고 기쁜 일만 생기는 좋은 하루되길 바랍니다. 파이팅!

📱 ○○님! 멋진 성공 기대할게요. 토닥토닥~♬ 힘내시그 아자아자 파이팅하세요.

📱 ○○님! 행운을 주는 소식들 많이 찾아올 겁니다. 파이팅하세요. 아자아자!^^

📱 절망은 희망이 없다고 좌절하는 사람에게만 찾아온다(서양격언). ○○님! 꼭 힘내세요. 반드시 잘되실 거예요. 파이팅^^

📱 살다보면 실타래가 얽히고설킬 때가 많습니다. 내일은 내일의 태양이 뜨듯 늘 희망과 용기를 가지시고 멋지게 오늘을 보내세요.

📱 겨울이 오면 봄은 멀지 않다(셸리). ○○님, 힘내세요. 반드시 쨍하고 태양이 비출 겁니다. 파이팅!

📱 바쁜 꿀벌은 슬퍼할 틈이 없다고 하듯 열심히 활동하면 달콤한 피곤함이 오히려 만족스러울 겁니다.

📱 ○○님! 지금 거절당해 기분 다운되었죠? 이거(반창고 아이콘 표시) 마음의 상처에 붙이세요^-^ 기분이 나아질 거예요. 힘내세요>아자!^-^*

📱 어떤 운명이 닥쳐온다 해도 용기를 잃지 말고 이루고 추구하고 일하며 기다리는 것을 배우자(롱펠로우). 희망이 ○○님 곁에 다 와갑니다. 용기 잃지 마시고 파이팅(홧팅). 아자!^^

📱 삶에 희망이 없는 것은 죄악이다(헤밍웨이). ○○님 힘내서서 예전의 멋진 모습 꼭 보여주길 기원합니다. 파이팅!

📱 ○○님! 방그리^^ 오늘도 용기 만들고 힘내시고요. 제가 드리는 미소에

서 오는 기쁨타고 즐거운 하루 꼭 영글길 바랍니다. 파이팅!

- 내일은 내일의 태양이 뜬다(빅터 플래밍). ○○님! 내일의 밝은 태양을 맞기 위해 오늘도 힘차게 파이팅요!! 아자^^

- ○○님! ○○님은 지혜로우시고 강인하셔서 반드시 재기하실 겁니다. 용기 잃지 마시고 힘내세요. 파이팅!!^^

- 마음(과 눈빛)이 아름다운 사람은 인생이 평안하답니다. 아름다운 마음씨를 가지신 ○○님은 반드시 복 받으실 거예요^^ 힘내세요!!

- ○○님! 이 세상에서 가장 사랑하고 존경하는 ○○님의 가족이 있다는 걸 잊지 마세요. 파이팅!^^

- 오늘 ○○님께 부여된 하루치의 분량이 긍정의 마음샘 담아 풍성함으로 여울지는 기분 좋은 날 되세요! 아자아자^^

- 희망은 활활 타오르는 장작불처럼 ○○님께 반드시 밝은 빛을 선사하며(안겨주며) 피어오를 겁니다. ○○님. 힘내세요. 파이팅^^

- 제겐 언제나 멋지신(고우신) ○○님! 환한 미소만 머무는 날 되세요. 하시는 일 반드시 잘될 거예요!! 힘내세요. 홧팅^^*

- 잘 지내시죠? ○○님의 해맑은 모습 빨리 보고 싶네(어)요^^ 꼭 좋은 축복(일) 있을 겁니다. 힘내세요. 아자자 파이팅!!^^

- 거친 파도 너머에는 희망의 땅이 있다(서양속담). 조금만 더 힘내세요. 반드시 좋은 결과가 있을 겁니다. 아셨죠^?^ 파이팅!!!

- 패자는 구름 속의 비를 보지만 승자는 구름 위의 태양을 본다(탈무드). ○○님! ○○님의 내일은 분명 밝은 태양만 비출 겁니다. 힘내세요. 아셨죠^?^ 아자자 파이팅!!!

- ○○님!! ○○님께서 흘리신 땀의 흔적마다 반드시 희망(기쁨, 행복)의 보석이 주렁주렁 맺힐 겁니다. 아셨죠^?^ 힘내세요. 파이팅!!^@^

- 오늘 네가 걱정하고 있는 것도 별로 걱정할 일이 아니다. 잊어버려라. 내일을 향해 사는 거야(생텍쥐페리). ○○님!! 힘내시고 내일을 향해 힘차게 매진(정진)만 하시길 바랍니다(기도합니다). 파이팅!!!^^**

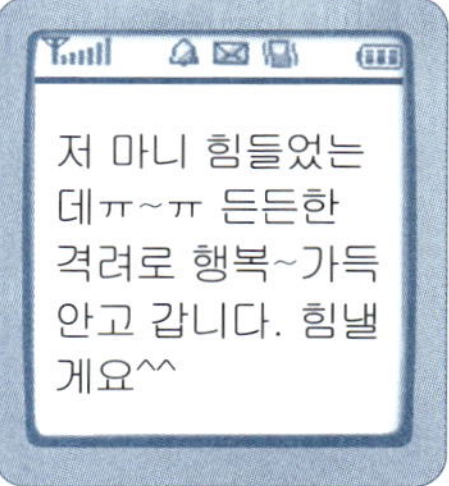

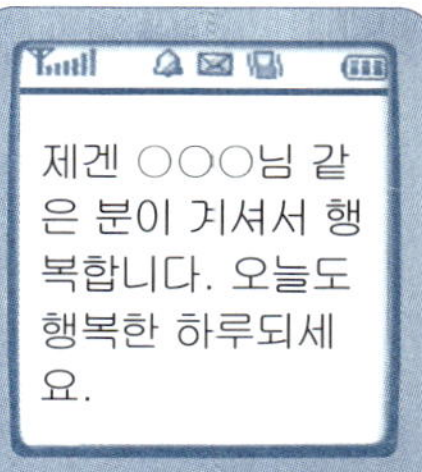

- 제게~이렇게 희망의 마음 내려주신 ○○님! 고맙습니다. 소중한 하루 되세요.

- 제게 희망의 마음 한 자락 내려주신 깊은 마음 씀씀이 감사합니다.

- 오늘은~제게 다가온 ○○님의 고운 마음(고운 걸음)으로 행복한 하루였습니다.

- ○○님께서 하신 말씀(문자메시지)이 제게 큰 용기를 주었습니다. 감사합니다.(감사함다^^**)

- 살아 숨쉬고 있다는 것이 넘~행복합니다. ○○님이 가까운 곳에서 바라보기에…

- 가슴에 와닿는 좋은 말씀(문자) 마음에 새겨 담습니다. 고맙습니다.

- 제 마음에 울림의 목소리 아름답게 들려주시니 기분이 한결 가뿐해집니다.

- 하루일과로 녹초가 돼도 이렇듯 문자로 안식주니 진정한 천사가 아닐는지요^^

- ○○님도 피곤하실 텐데~정겨운 문자 남겨줘 덕분에 고단한 몸 가뿐해지네요^^

- ○○님의 풋풋한 음성 들으며 감사의 마음 안고 하루를 시작합니다.
- 향기의 꽃다발 주고 고운 향기 (뿌려)주셔서 감사해요. 늘 곱고 행복한 날 되세요.
- 마음담아 보내(주)신 감동문자에 행복감이 밀려옵니다^^ 고마워요.
- ○○님의 격려에 저절로 기운이 납니다^^ 고마워요.
- ○○님은 제게 엔도르핀을 안겨주는 천사입니다^^ 고맙습니다.
- 신세지면서 찾아뵙지도 못하고 지송한 마음 가득하네여~^^;; 고맙습니당.
- 따뜻한 마음 감사드립니다. 잊지 않고 기억하겠습니다. 늘 행복하세요.
- 마음 깊이 전해지는 희망의 음성 덕분에 기운이 저절로 나는 것 같습니다.
- 지금처럼 다정하신 성품으로 언제나 제게 에너지를 충전해주세요. 감사합니다.
- 오늘 통화하면서 좋은 말씀 주심에 감사한 마음 드립니다_()_
- 나 당신 아님 모든 걸 포기할 뻔했어! 당신은 내 삶의 원동력(희망)이야. 사랑해♥
- ○○님이 계셔서 용기도 나고 행복합니다. 고맙습니다.
- 진심으로 감사드립니다. 챙겨주신 마음자리만큼 행복한 하루되세요.
- ○○님의 맑은 음성이 오늘 하루의 피로를 싹 씻어주네요^^ 고운 저녁되세요.(저녁 무렵 통화 후 문자 보낼 때 사용)
- ○○님의 마음향기가 제게서 탁한 기운 몰아내고 맑은 힘을 주었어요. 고마워요.
- 제가 힘들 때마다 용기주시는 ○○님! 넘 고마워요. 힘낼게요^^
- 고운 말씀 내려주셔서 용기가 절로 납니다. 친절~정말 감사합니다_()_
- 말씀 고맙습니다. ○○님 말씀대로 하루하루 그런 바람으로 살아가겠습니다^^
- ○○님과 통화하고 나니 마음이 풍요로워집니다. 고맙습니다. 행복한 시간되세요.~
- ○○님 덕분에 제 인생이 앞으론 알찬 열매를 맺을 것 같아 기운납니다.

고맙습니다.

아직 부족함이 많은데 ○○님의 성원에 기운이 솟는 느낌입니다. 감사합니다.

힘든 제 마음까지 헤량하면서 살갑게 품어주시니 정말 고맙습니다_()_

○○님과 통화하며 달콤한 세상의 향기 느꼈어요. 함께해주셔서 행복합니다.

자기야! 고마워, 힘내서 꼭 일어날게. 사랑하는 예쁜 당신이 곁에 있으니…

자기야! 고마워. 자긴 내 삶의(나의) 엔도르핀이야^^ 자기 사랑 담아 힘낼게. 사랑해♡

하늘이 제게 가혹한 시련을 안겨주네요ㅠ~○○님이 격려해주시니 기운나요ㅈ

좋은 말씀~마음 깊이 새기고 담습니다. 고맙습니다. 늘~행복하세요^^*

감동의 문자글에 빠져 마음의 눈물 닦으며 답신 보냅니다^^ 고맙습니다.

○○님과 통화하니 푸른 하늘에 둥실 떠있는 꽃구름처럼 맘이 편해집니다. 고맙습니다.

제게 격려의 덕담(말씀) 남기는(주시는) ○○님께 고마움 한 자락 놓아 보냅니다^^ 힘낼게요.

○○님 말씀(문자)이 제게 극적인 엔도르핀을 선사해주네요~ 고맙습니다.

○○님의 아름다운 배려에 감사드립니다. 꾸뻑^^ 좋은 소식 드리려고 노력할게요.

감사해요! ○○님의 말씀이 제게 무한한 용기를 주네요. 행복한 하루되세요^^**

○○님의 따스한 위로에 진심으로 감사드립니다~ 건강하세요^^*

제 힘든 마음의 끈 잡아주신 ○○님! 함께해주셔서 고맙습니다_()_

○○님 때문에라도 힘내 열심히 일하겠습니다^^ 감사드리며 항상 건강하세요^^*

감사합니다. 더 열심히 할게요. 남은 시간 제게 베푸신 행복한 마음 가득

하세요^^*

🔹 남겨주신 고운 정에 감사드립니다~^^ 행복한 하루되세요^^*

🔹 고마워요. 오늘 남은 시간 좋은 일만 가득하세요.

🔹 ○○님의 감동문자가 입가에 잔잔히 미소짓게 하는군요~감사! 늘~행복하세요.

🔹 ○○님 덕분에 다운되려는 제 맘이 즐거움으로 전환되려 합니다^^ 고마워요.

🔹 따뜻한 마음자락 놓아주셔서 감사드립니다. 힘이 저절로 샘솟는 기분입니다^^

🔹 고맙습니다. ○○님의 그 따스한 마음 포근히 가슴에 담을게요^^ 행복하세요.

🔹 제 마음 힘들 때 살찌게 해주시는 ○○님! 감사해요^^ 꾸벅~ 홧팅할게요.

🔹 고마워요. 고운 마음씨 벗삼아 늘 행복한 마음만 깃드는 좋은 날 되길 바랄게요^^

🔹 제게 늘 힘을 주시는 분! 정성스러운 관심 늘 감사합니다^^*~행복한 시간되세요.

🔹 이렇게 용기를 주셔서 정말 고맙습니다. ○○님도 늘 건강하시고 행복한 시간되세요.

🔹 변함없이 고운 맘 놓아주신 마음~잊지 않겠습니다. 고맙습니다. 행복하세요^^*

🔹 ○○님 말씀(문자)에 힘이 되는 성공비타민이 가득 들어 있네요^^ 고맙습니다.

🔹 언제나 힘 솟게 하는 배려의 말씀(문자) 가슴에 담습니다. 힘내서 열심히 살겠습니다^^

🔹 ○○님과 통화하면서(문자를 보면서) 잔잔한 햇살이 스며들 듯 마음이 편해졌습니다. 고맙습니다.

🔹 아니 ○○님. 요새 제가 좀 힘든 줄 어떻게 아셨어요^?^ 고맙습니다.

🖳 늘 넉넉한 마음으로(정겨운 마음으로) 제게(마음에) 온기주셔서 얼마나 힘
이 나는지 모릅니다. 고마워요^^★

🖳 (언제나) 활짝 열린 마음으로 격려주시는 ○○님! 고마워요(감사해요). 덕
분에 행복한 마음이 움트려 하네요^^
🖳 ○○님의 좋은 말씀 마음 깊이 새깁니다. 꼭 성공해 좋은 모습 보여드리
겠습니다^^ ○○님도 늘 행복하셔야 해요^^

친구가 격려해주었을 때 띄우는 답신문자 명품글귀

🖳 ○○야, 고맙다. 네가 내 친구인 게 감사하고 정말 기쁘다^^★ 힘낼게.
🖳 친구야, 그래. 힘낼게. 고맙다.
🖳 내게 너 같은 친구가 있어서 행복하다. 고마워!
🖳 힘들 때마다 기댈 수 있고 용기를 주는 네가 가장 소중한 친구야. 고마워.
🖳 친구 전화받고 나니 기분이 한결 좋아졌네^^ 고맙다. 빨리 일어설게.
🖳 ○○야! 네 감동문자에 가슴이 벅차오른다^^ 감사(ㅈ ㅈ)! 용기 잃지 않
을게.
🖳 하이룽! 반갑다. 고맙고. 힘내서 열심히 살아 좋은 모습 보여줄게. ㄴ도
잘 지내상.

- 귀한 걸음과 마음담아 제 폰을 울린 ○○님! 정겨운 목소리에 편안한 쉼 ~얻어봅니다. 고마워요. 행복하세요^^

- 정말 고맙습니다. 고운 격려로 힘을 실어주셔서~ 항상 건강하시고 행복한 일만 넘치는 날들 되세요.

- 삶의 무게를 눈물겹게 견디고 있는 제게 ○○님의 용기어린 말씀!~감사합니다. 힘내 다시 열심히 할게요(일어서 보겠습니다).

- 부족한 저에게 긴 세월 변함없이 힘이 되어주시고 격려를 주신 마음에 깊이(은) 감사드립니다. 행복함이 가득한 날들 되세요.

- 누군가에게 힘이 되고 사랑이 될 수 있다는 건~살아가면서 느낄 수 있는 작은 행복인 것 같아. 오늘 내게 힘을 실어줘 고마워.

- 당신과 통화하고 나서는 온종일 심드렁했던 마음이 봄눈 녹듯 활짝 풀렸습니다. 당신은 이 세상에서 가장 소중한 영원한 내 반쪽, 수호천사입니다.

- 따스하신 정을 매달아주시니 제 미소도 넓어지고 행복한 마음 가득하네요^^ 깊은 씀씀이가 짙게 묻어나는 온기의 말씀 감사드립니다.

05

환자에게 엔도르핀을 선사하는

멋진 위로용 감동문자메시지

몸이 아픈 사람에게 다정다감하게 다가서는 위로와 격려의 문자메시지는 감동과 함께
플라시보 효과를 가져와 빠른 치유로 삶의 의욕을 일으켜준다.

몸이 아픈 사람에게 보내는 위로문자는 용기를 심어주는 최고의 보약

건강을 잃으면 모든 것을 잃는 것이라고 하듯 몸이 아플 때는 세상만 사가 모두 귀찮게 다가오고 일도 하기 싫어진다. 특히 위중한 병에 걸 렸을 때는 자칫 삶의 의욕을 잃을 수도 있다. 그러면 본인은 물론 가족 도 힘들어진다. 이럴 때 마음담아 띄워주는 위로와 격려의 문자메시지 는 받아보는 사람에게 마음의 청량제가 되고 삶의 용기를 심어주는 고 귀한 선물이 된다.

몸이 아프면 어딘가 자꾸만 의지하고픈 생각이 든다. 이럴 때 용기와 희망, 감동을 선사해주는 살가운 문자는 행복바이러스를 갖게 하고 엔 도르핀이 솟아나게 함으로써 플라시보 효과를 안겨줘 건강의 청신호가 된다. 몸이 아픈 사람에게 보내는 위로와 격려문자는 당사자에게 용기 와 삶의 의욕을 심어주는 최고의 보약이 되는 것이다. 특히 자신의 마 음을 치유해준 감동문자를 보낸 사람을 오래도록 기억하게 만들어주고 좋은 인간관계를 맺게 해주는 디딤돌이 된다.

몸이 아픈 사람에게는 우선 흔들리는 마음, 어두운 마음을 밝은 마음 으로 승화시켜주는 용기어린 위로문자가 제격이다.

❷ 사랑하는 사람이 아플 때 보내는 위로의 감동문자

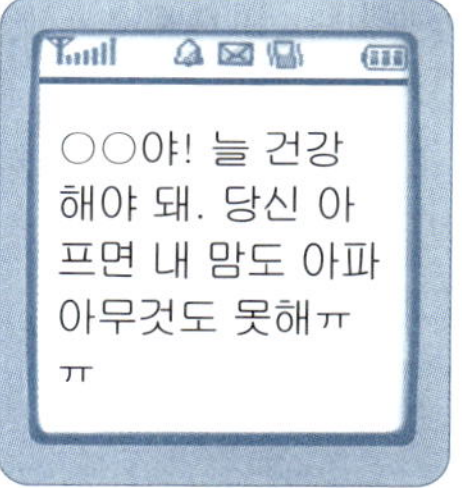

- 자기야! 자기 아픈 거보다 내가 아픈 게 맘이 편해. 내가 대신 아파줄게 빨리 나아♥

- 여보야! 아프지 마! 당신 빨리 나으면 당신 해달라는 거 다 해줄게^^ 약속

- 여왕(공주)마마! 아프지 마소서. 마마가 아픈 거 몽땅 제가 갖겠습니다^^ 빨리 나아. 사랑해.

- ○○야! 아프지 마! 빨리 나으면 세상에서 가장 아름다운 천사로 등극시켜줄게^^ 약속

- 서방님아(내 공주야)^^! 당신 안 아픈 게 날 가장 위하고 사랑하는 거 알지?

- 감기 빨리 나아~자기가 아픈 것보다 내 마음이 더 아픈 거 알아?~사랑해♥

- ○○야! 내 가슴이 너무도 아파. 차라리 내가 아픈 게 낫겠다. 쾌유하길 기원(기도)할게.

- ○○야! 아프지 마ㅠ~ㅠ~차라리 내가 아플게. 빨리 나아야 돼. 응??

- 아프지 마ㅠ~ㅠ 당신은 그 무엇과도 견줄 수 없이 소중하니깐.

- 아프지 마~응! 당신 아프면 나는 어떻게 해. 자기야 하루빨리 내 곁으로 와야 해.

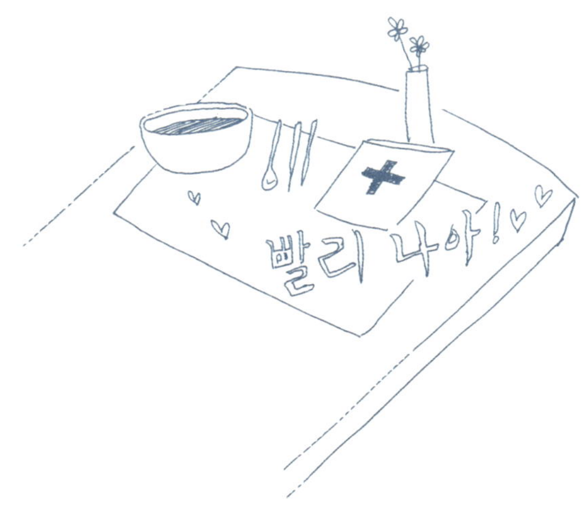

- 내가 제일 바라는 것은(건) 당신 건강이야! 빨리 완쾌해. 앞으론 내가 아파줄게♥

- 자기가 아프니까 내 마음이 더 아파ㅠ~ㅠ 빨리 나아. 사랑해♡

- 당신은 세상에서 가장 소중한 존재야. 그러니 아프지 말고 건강해야 해 ~알았지?

- 내 자기야! 아프지 마. 자기 아프면 난 어떻게 하루를 보내? 빨리 낫길 기도할게.

- 자기야! 자기 몸은 내 것과 마찬가지야. 자기 아프면 나도 아파ㅠ~ 빨리 나아~

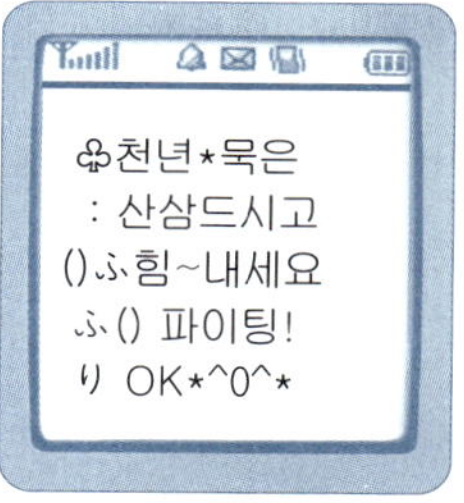

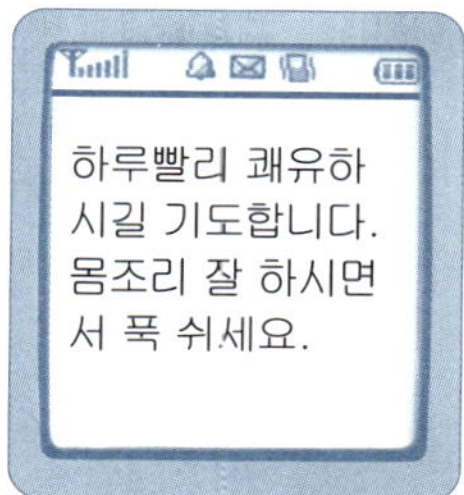

- 어쩌다가 다치셨어요?ㅠ~ㅠ 빨리 완쾌하길 기도합니다.(사고로 몸을 다쳤을 경우 사용)

- 병은 육체의 고장이 아니라 마음의 아픔이다(에디 부인). 마음 굳게 하고 힘내세요~

- 아프시다는 소식 듣고 가슴이 미어질듯 아파왔습니다ㅠ~ㅠ 빠른 쾌유 빕니다.

- ○○님! 용기가지세요. ○○님은 충분히 이겨내실 거예요. 꼭 완쾌되길 기도합니다.

- ○○님! 하루빨리 쾌차하시어 이전보다 더욱 건강해지시길 기도합니다.

- 편찮으시다는 소식 듣고 너무 놀랐어요ㅠ~ㅠ 하루빨리 쾌차하길 빌어요.

- 하루 빨리 건강을 되찾으시기 손 모아 빕니다. 꼭 완쾌될 거예요. 힘내세요.

- ○○님! 하루 빨리 일어나시어 이전보다 더욱 건강해지시기를 기도합니다.

- 우환 훌훌 터시고 하루빨리 예전의 그 멋진 모습 보여주세요. 네?~힘내세요.

- 기운내시고 빨리 완쾌하셔서 건강한 모습 보여주시길 기도합니다.

- 그리도 건강해보였는데… 하루빨리 쾌차하시길 기도합니다.
- ○○님의 조속한 쾌유를 간절히 기원합니다. ○○님! 용기 잃지 마세요.
- 꼭~일어나실 거예요. 힘내세요>>파이팅!
- 꼭 완쾌하길 기도할게요. 기운내시고 더욱 밝고 건강하셔야 해요. 파이팅!
- 환절기 감기 힘드실 텐데 빠른 회복 있길… 건강하세요^★^~
- ○○야, 네가 아프니 아빠(엄마) 마음이 몹시 아프구나. 빨리 낫도록 기도할게. 사랑한다.
- ○○야, 아프지 마. 빨리 일어나 밝은 모습 보여줘! 알았지? 파이팅!!!
- ○○님! 편찮으시다고요. 빨리 완쾌되길 기원합니다. 조만간 찾아뵙겠습니다.
- ○○님! 요새 편찮으시다는 소식 들었는데 제발~아프지 마세요. 제가 기도할게요.
- ○○님! 통증은 모두 사라지고 화통하게 웃는 일만 있길 바랍니다. 빠른 쾌유 빕니다.
- 하루속히 쾌차하시어 건강하시고 행복하시길 기원합니다.
- ○○님! 기운내시궁 빨랑 나으시궁 미소 환하게 지우시궁 예쁜 모습으로 만나요(만나삼).
- 걸으면 병이 낫는다(스위스속담). 앞으로 운동 열심히 하셔서 건강 꼭 챙기세요.

⊙ 병환으로 많이 위중할 때 보내는 위로의 감동문자

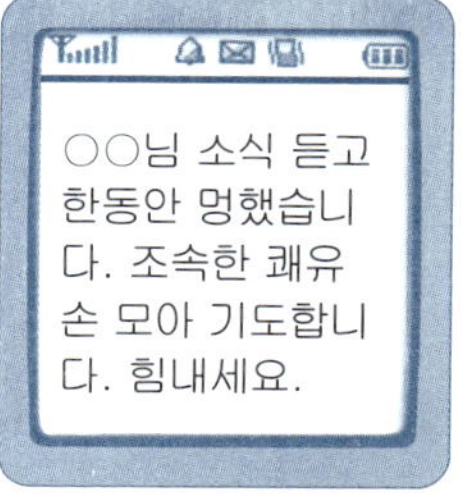

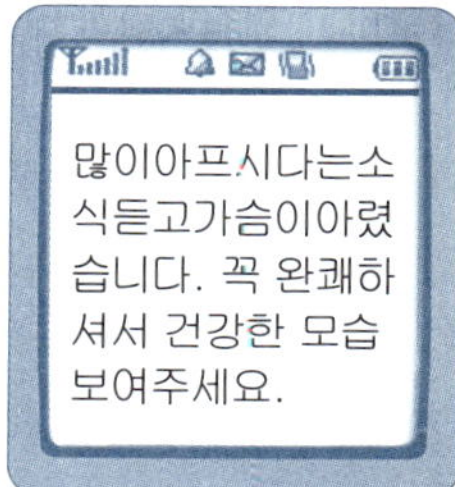

- 소식 듣고 한동안 멍했습니다ㅠㅠ~ 빨리 완쾌하(시)길 늘 기도할게요. 힘내세요.

- 많이 아프시다니 가슴이 아려옵니다ㅠ~ 꼭 완쾌하셔야 해요. 약속☞☞ 힘내세요.

- 병중이라니 마음이 너무 아프네요ㅠ~ㅠ~○○님! 빠른 쾌유 빕니다. 힘내세요!

- 언제나 올곧게 사신 ○○님은 병마도 반드시 비켜갈 것입니다. 힘내세요.

- 입원 소식 듣고 너무 놀랐어. 조만간 찾아갈게. 빨리 회복하길 바래. 파이팅!

- 불치의 질병은 없다. 다만 불치의 환자가 존재한다(버니시겔). 빠른 쾌유 기원합니다.

- 너무 가슴 아픈 일이네요ㅠ~ㅠ 하루 빨리 완쾌되길 기도할게요. 힘내세요.

- 꼭 완치하셔서 항상 좋은 일만 가득하길 기원합니다. 빠른 쾌유 바랍니다.

- 마음이 참 아픕니다ㅠㅠ~좋은 결과 있으시길 바랍니다. 쾌차하시고 힘내세요.

마음이 아파 할 말을 잃었습니다. 너무 상심하지 마세요. 쾌차하실 거예요.

○○님! 제가 아픈 것보다 더 마음이 아픕니다. 용기 잃지 마시고 꼭 일어나셔야 해요.

몸의 병은 마음으로 치유된다(속담). ○○님! 꼭 완쾌되실 거예요. 힘내세요.

○○야! 그토록 건강하던 네가 아프다니 하늘이 노랗다ㅠㅠ 꼭 나을 거야. 힘내!

위중하단 소식에 가슴이 메어지게 아프네요ㅠ~ 빠른 쾌유 빕니다.

모든 병 중에서 마음의 병만큼 괴로운 것은 없다(탈무드). 혹시 마음이 더 아프실까봐 걱정입니다. 용기 잃지 마세요. 꼭 나으실 거예요. 파이팅!^^(MMS)

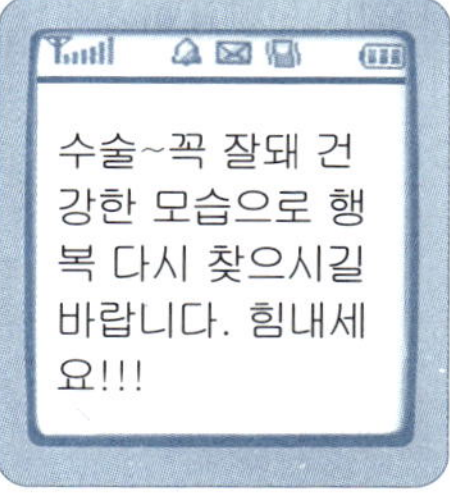

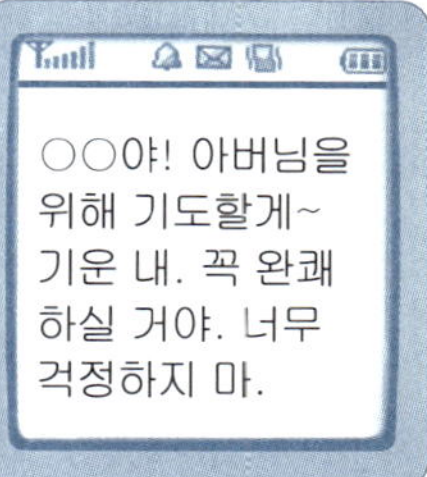

- 수술 들어간다고~ㅠㅠ 잘될 거야. 내 그리 되라고 기도할게. 힘내~
- 소식 접하니 가슴이 미어질듯 아파오네요. 힘내세요. 수술 잘될 거예요.
- 건강하시고 수술 잘되길 바랄게요. 힘내세요!!!
- 수술 잘돼 건강 빨리 회복하시고 멋진 모습으로 새 출발하셔야죠. 힘내세요.
- 수술~성공적으로 잘될 겁니다. 힘내시고 꼭 좋은 결과 있길 기도합니다.
- ○○야! 아버님(어머님)을 위해 기도할게~ 기운 내. 꼭 완쾌하실 거야~
- 소식 듣고 마음이 아파 울었습니다ㅠ~수술 잘되길 기도드려요~
- 수술 잘되어서 건강도 찾고 행복한 날만 있으시길 소망합니다.
- 수술 잘 받으시고 건강 빨리 되찾길 바랍니다. 파이팅! 힘내세요~
- 수술 잘 받고 하루빨리 건강회복하시길 기원합니다. 힘내시고, 희망 잃지 마세요.
- ○○님이 아프시다니 내 가슴이 아프네요. 수술 잘되고 쾌유하시길 바랍니다.
- 속히 회복될 수 있도록 기도드리겠습니다. 힘내세요. 파이팅!

○○야! 아버님(어머님)을 위해 진심으로 기도할게~ 기운 내. 꼭 완쾌하실 거야~너무 걱정하지 마. 알았지!

❯ 수술 경과가 양호할(회복 중일) 때 보내는 축하문자

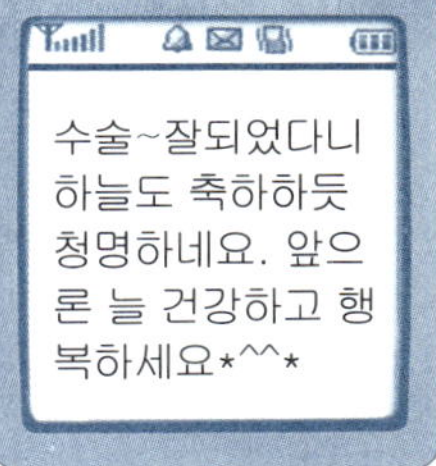

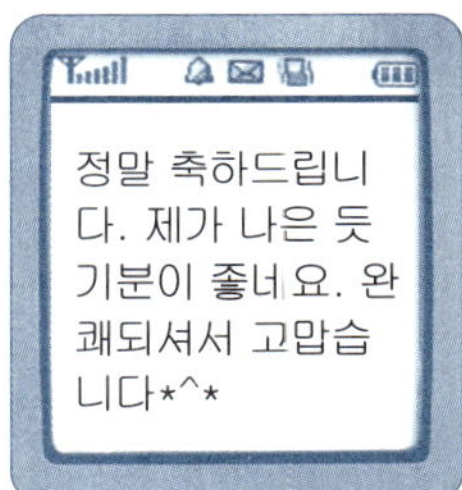

수술경과가 양호할 때 보내는 축하문자 명품글귀

- 제가 나은 듯 기분이 넘(너무) 좋네요. 그래도 건강조심하시며 잘 지내셔야 해요^?^
- 수술경과가 좋다니 정말 다행입니다. 내내 가슴이 아팠습니다.
- 건강 되찾으셔서 정말 기쁩니다. 얼른 회복하시고 좋은 일만 생기시길 바래요.
- ○○님, 축하해요^^ 앞으로 정말~건강 잘 챙기셔서 늘 행복하길 기도드려요^^
- 정말 수술 결과가 좋다니 고맙고 감사합니다^^* 빠른 회복 기도할게요.
- 수술 결과가 좋다니 기쁩니다. 만나 뵙는 날까지 빨리 완쾌하셔야 해요^^
- ○○님!~축하드립니다. 앞으로는 정말 건강 조심하세요^^ 나중에 찾아 뵐게요.
- ○○야! 수고 많이 했어. 빨리 완쾌되도록 다른 신경 쓰지 말고 행복한 마음만 가득!

회복 중일 때 보내는 격려문자 명품글귀

- 고맙습니다. 건강하게 돌아와 주서서. 앞으론 늘 행복한 일만 가득하길 바랍니다^^(가득하셔야 해요^?^)
- 질병은 인생을 깨닫게 하는 훌륭한 교사다(에디 부인). 앞으로 건강 꼭 챙기세요^^
- 병이 나을 만하면 마음을 놓아 중하게 되기 쉽다(증자). 이젠 늘 건강하셔야 해요^^
- 앞으로 건강 잘 챙기시고 ○○님 몸 좀 아끼세요~사랑하는 가족을 위해서. 아셨죠^?^
- 자기야! 앞으로는 건강 좀 잘 챙겨. 당신을 위해. 그리고 나를 위해. 사랑해~
- 많이 호전되셨다니 기분이 좋습니다. 이젠 늘 건강하시고 행복하셔야 해요^^*
- 건강 많이 회복하셨다니 다행입니다. 늘 건강 유의하시고 건안하시길 바랍니다~^^
- 빠른 쾌유~축하드립니다. 앞으론 건강 꼭 챙기면서 늘(평안하고) 행복하길 바랍니다.
- 건강은 좋아지셨나요? 빨리 완쾌해서 맑은 미소 반갑게 만날 날 고대합니다^^
- 건강 유의하시고 늘 좋은 날 되시기 바랍니다. 건강한 모습으로 꼭 뵈어요^^
- 많이 회복되셨다니 정말 기쁩니다. 항상 건강하시고 행복하셔야 해요. 꼭^^*
- 많이 좋아지셨지요?!^^ 빨리 완쾌하셔서 뵈올 날 기다립니다^^*
- 제가 나은 듯 기분 좋네요. 만나 뵙는 날까지 항상 건강하셔야 해요^^*
- 정말 다행입니다. 앞으로 건강은 건강할 때! 꼭 잊지 마세요^^

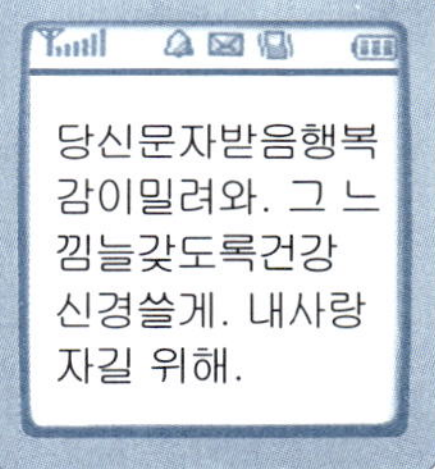

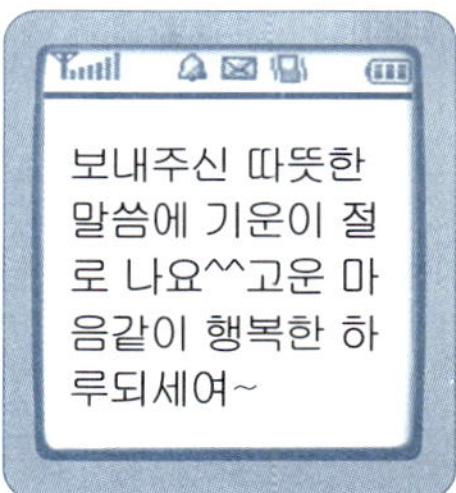

사랑하는 사람과 통화하거나 문자를 받았을 때 답신문자 명품글귀

- 당신 문자받음 행복감이 저절로 밀려와^^ 내 사랑 자길 위해 건강 신경 쓸게. 고마워.

- 고마워. 당신이 힘을 주니 기운이 샘솟듯 하네^^ 빨리 일어나 밝은 모습 보일게^^*

- 이렇게 누워 있어서 미안해. 기운 차리려고 노력할게. 당신 위해서라도. 사랑해.

- ○○야! ○○가 내게 보내주는 사랑의 마음에 아파도 행복한 마음만 들어^^ 고마워.

- 사랑하는 사람이 있어서 이렇게 좋고 행복한 기분이 드나봐. 사랑해. 꼭 일어날게.

- 자기야! 자꾸 아파서 미안. 나도 힘들지만 자기가 더 힘들어 해서ㅠㅠ 빨리 일어설게.

- 자기가 기를 줘 몸이 좋아지는 것 같아. 당신은 정말 천사0^^ 사랑해. 자갸~

🖳 내 자기가 최고야. 내겐 자기밖에 없어. 빨리 일어나 자기 기쁘게 해줄게.

🖳 자기야~ 고마워. 자기 위해서라도 빨리 훌훌 털고 일어날게. 사랑해♡

🖳 자기야! 내 곁엔 자기만 있음 돼. 자기가 있음 하나도 안 아파^^

🖳 고운 음성 대하니 마음에 출렁이는 행복감으로 피로가 싸~악 씻겨지네
^^ 고마워~

🖳 당신 문자받으니(음성들으니) 아픈 심장이 촉촉하게 젖어드네^^~고마워.

🖳 염려해주시는 귀한 마음~받습니다. 얼른 일어나 예전 모습 보여드릴게
요. 고맙습니다.

아는 사람이 문자를 보냈을 때 답신문자 명품글귀

🖳 이렇게 늘 마음을 함께해주셔서 감사합니다. 고운 날 되세요.

🖳 보내주신 따뜻한 말씀에 기운이 절로 납니다^^ 꼭 일어나 보답하겠습니다.

🖳 늘 기분 좋은 일과 행복 가득한 날 되세요. 감사합니다.

🖳 격려해주셔서 고맙습니다. 빨리 일어나 보답하겠습니다^^

🖳 고맙습니다. ○○님도 새로운 하루하루 행복하시고 즐거운 날 되시기
바랍니다.

🖳 고맙습니다. ○○님께도 늘 좋은 일~행복한 일만 있으시길 바랍니다.

🖳 마음의 선물 듬뿍 안겨주셔서 감사합니다. 빨리 일어날게요. 행복한 시
간되세요.

🖳 이렇게 신경 써주셔서 감사합니다^^* 빨리 훌훌 털고 일어나겠습니다.
행복하세요.

🖳 격려해주셔서 고맙습니다. 힘이 저절로 부쩍 나는 듯합니다^^

🖳 ○○야, 고맙다. 늘 기도해줘서. 예쁜 네 마음처럼 기쁜 일이 가득한 날
이 되길 빌게^^*

🖳 ○○님 고맙습니다. 제게 보내주시는 푸근한 마음처럼 늘 행복만 가득

하길 바랍니다.

MMS용 문자메시지 명품글귀

- 제가 아파 누워 있을 때 ○○님의 용기어린(담은) 격려가 가장 큰 힘이 되어주었습니다. 정말 고마워요. 거동에 지장 없으면 연락드릴게요. 늘 행복만 하세요^^

- 정말 고맙습니다. ○○님의 정겨운 문자(말씀)가 제게 큰 힘을 주셨습니다. 제게 웃음(기쁨) 선사하듯 ○○님도 늘 웃음 가득하시고 기분 좋은 시간되세요.

- 제가 병마와 싸울 때 ○○님의 진심어린 용기와 정성이 제게 삶의 의욕을 실어주었어요. 고마워요~^^* 빨리 일어나서 뵐게요.

- 귀한 발걸음으로 고운 흔적 남겨주셔서 기운이 납니다^^ 감사~ 빨리 일어날게요. 늘 즐겁게 보내세요.

06

자녀에게 보내는 격려용 멋진

감동문자메시지

공부 또는 운동하는 자녀와 지인에게 띄우는 응원의 문자메시지는 그 어떤 것보다도 더 큰 용기와 힘을 실어준다.

공부 또는 운동하는 자녀에게 보내는 문자는 힘을 실어주는 보약

공부와 운동은 그 결과가 단시일 내에 나오는 것이 아니라 긴 여정 끝에 나오는 산고의 산물이다. 오랜 기간 노력과 집념이 요구되고 수많은 갈등과 좌절을 겪으면서 목표를 향해 매진해나가는 고된 과정이다. 특히 이 시기는 부모의 도움이 절실히 필요한 나이이므로 이때 보내는 부모의 애정어린 문자는 고귀한 마음의 선물이 된다. 미래의 동량으로 자라는 자녀들에게 부모가 보내는 애정어린 감동문자는 자녀 인생에 매우 큰 영향을 미친다.

단, 공부와 운동을 더 열심히 하도록 유도하고 동기부여해주는 격려성 문자를 보낼 때는 자녀들이 감수성이 예민한 시기이므로 마음을 혜량하면서 살갑게 보내야 한다. 아무리 부모라도 명령형이 아닌 부탁과 협조형으로 말이다. 주관적이 아닌 객관적으로 마음에 힘을 실어주는 감정이입적인 감동글귀로 맛깔스럽게 꾸며 띄워 보내야 효과가 극대화된다.

특히 검증된 명언과 아포리즘을 첨부해 보내면 자녀의 마음샘이 저절로 명언 아포리즘에 동화되어 감동을 선사해 더욱 좋은 결과를 낳게 될 것이다.

❯ 공부하는 자녀에게 힘과 용기를 심어주는 멋진 격려문자

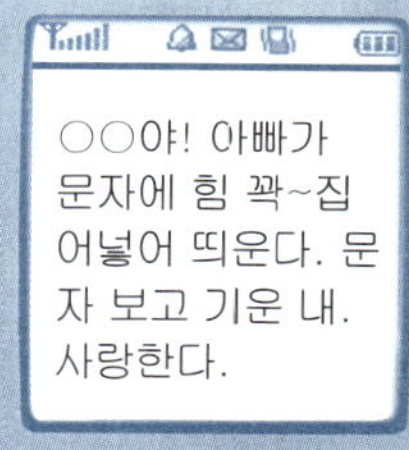

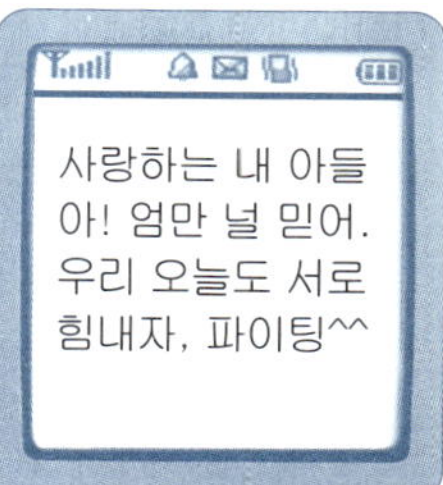

- 사랑한다, 나의 짱~딸(아들)아~~힘내~오늘도 넌 열공, 아빤 열일이다^^

- 내 사랑스러운 ○○야! 엄마(아빠)는 널 늘 지켜보고 있단다. 사랑해.

- 내 사랑하는 아들(딸)아! 엄만(아빤) 널 믿어. 오늘도 우리 파이팅하자. 파이팅^^

- 시험 끝나면(합격하면) 돌아가리. 환상적인 나의 (대학)세계로… 아들(딸) 아, 꼭 그리해. 파이팅^^

- ○○야! 너 공장가서 미싱할래? 아님 대학가서 미팅할래!^^ 사랑하는 아 들(딸)아, 파이팅!

- ○○야! 12년 공부하고 정년보장 없는 공장보다는 안정된 직장이 더 좋 지? 힘내!

- ○○야! 난 네가 정말 자랑스러워! 사랑한다. 이 세상에서 엄마(아빠) 다 음으로~^^♥

- 엄만(아빤) 요새 네 모습 보며 하루를 시작해. 넌 우리 집 보배야. 알지? 사랑한다.

- ○○야! 너무 무리하며 공부하지 마. 건강 신경 쓰고. 뭐 먹고 싶은 거 있

음 말해.

- ○○(자녀 이름)야! 으쌰~으쌰~힘내라~~힘~! 엄마(아빠)가ᄴ
- 엄마가 널 얼마나 사랑하는 줄 아니? 열공하삼 ㅎㅎ♥3♥
- 우리 예쁜이(공주님)! 공부 열심히 해. 널 젤 사랑하는 엄마(아빠)가.
- 우리 매력남(왕자님)! 공부 열심히 해. 널 젤 사랑하는 엄마(엄마)가.
- 사랑하는 딸(아들)! 많이 힘들지ᄴ우리 같이 조금만 더 노력하자. 사랑한다.
- 울 싸랑하는 아들(딸)아!! 더 좋은 결과 위해 오늘도 홧팅~!! 아빠(엄마)도 힘낼게!
- 모든 문제에는 반드시 문제를 푸는 열쇠가 있다(노먼 빈센트 필). 사랑하는 아들(딸), 힘내!
- 인생은 NO가 아니라 ON이다(노먼 빈센트 필). 네 인생을 언제나 ON이되게 해다오.
- ○○야! 합격의 영광을 누리기 위해 힘들어도 조금만 더 힘내라. 파이팅!ᄴ 사랑해.
- 아들(딸)아~! 아빠(엄만) 네가 자랑스럽고 대견하단다! 조금만 힘내자!파이팅~!!^o^
- ○○야~그간 흘린 땀방울 헛되지 않도록 아자! 파이팅ᄴ 사랑한다ᄴ☆
- ○○야! 우리 오늘도 파이팅하자~(^.*) 사랑한다. 내 자랑스러운 ○○야~
- 꿈★은 이루어진다ᄴ 아들!! 사랑한다. 파이팅!
- ○○야! 우리 가족 모두 파이팅하자~아자아자! 파이팅!!^▽^
- 아들(딸)아, 열공ᄴ 공부 잘해. 아빠 열일할게. 알았지ᄴ 사랑한다.
- 내 사랑 ○○야! 오늘도 열공이다. 엄만 널 위해 지금도 기도한다. 사랑한다.
- 자랑스러운 내 아들(딸)아! 너는 나의 전부야. 사랑한다. 오늘도 우리 파이팅이다ᄴ*
- 아들(딸)아! 너는 이 아빠(엄마)의 전부야. 난 네가 가장 자랑스러워. 사랑한다♥ᄴ*

🖥 ○○야! 어젯밤 꿈에 내 아들(딸)이 보이는 길몽 꾸었단다. 네게 좋은 일이 생길 거야. 오늘도 우리 홧팅이다^^

🖥 아들(딸)아, 엄마(아빠)는 이 세상 무엇과도 바꿀 수 없는 네가 있기에 힘들어도 행복한 웃음이 절로 나와.

🖥 엄마는 우리 딸(아들) 믿어. 미안하단 생각 말고 마음 비우고 열심히 공부해. 알았지? 사랑해.

❷ 유학 중이거나 시험 앞둔 자녀를 격려하는 감동문자

객지에서 공부하는 자녀에게 보내는 격려문자

- ○○야! 잘 지내고 있지? 저녁 마신는 거 해 먹고 건강히 지내며 공부해라. 아빠(엄마)가…
- 우리 딸(아들), 오늘 따라 아빠(엄마)가 더 보고 싶어지네!! 건강챙기며 공부해. 사랑한다.
- ○○야! 어디 아픈 덴 없지? 쉬엄쉬엄 공부해. 사랑한다. 정말 마니마니^^
- 사랑하는 아들(딸)아! 힘들지? 조금만 참으면 반드시 좋은 결과 나올거야. 파이팅이다.
- ○○야! 몸 건강히 잘 지내고 있지?! 공부 잘 되고? 아빤(엄만) 널 믿는다. 사랑한다. 파이팅!!
- 사랑하는 아들(딸)아! 객지에서 고생하는 네가 안쓰럽지만 조금만 참고 힘내. 파이팅!!

자녀가 시험 보는 날 띄우는 응원의 감동문자

- ○○야! 그간 닦은 실력 맘껏 발휘해 좋은 성과이루는 기쁜 날 되길 바란다. 파이팅★^0^★
- ○○야! 그간 고생 많았어. 토닥토닥^^~오늘 네 실력 맘껏 발휘해, 알았지^?^ 파이팅!
- 사랑하는 ○○야! 마음 차분히 가라앉히고 네 실력 마음껏 뽐내라^^ 사랑해. 파이팅~♡
- 오늘 우리 ○○ 시험(수능)대박나라고 아빠(엄마)가 기도할게. ○○야!

파이팅!!! 사랑한다.

- ○○야! 지난 0년간의 노력 헛되지 않게 실력 맘껏 발휘해 좋은 결실 이루길 바란다^^

- ○○야! 오늘 하루 이 세상 모든 축복과 영광이 너와 함께하길 기도할게. 파이팅!!

- 우리 아들(딸) 대입 수능시험 보는 날! 기분 좋게 잘 봐. 꼭 좋은 소식 있길 기도한다^^

- 그간 고생한 보람 오늘 나타나겠지. 지금껏 살아온 날 중 최고가 되길 바란다. 아자!

- ○○야! 넌 오늘 반드시 시험(수능) 대박 터뜨릴 거야~ 차분하게 시험 잘 봐. 알았지^^*

- 내 아들(딸) 시험 있는 오늘. 그간 열심히 노력한 만큼 좋은 결과 있길 기원한다. 아자^^*

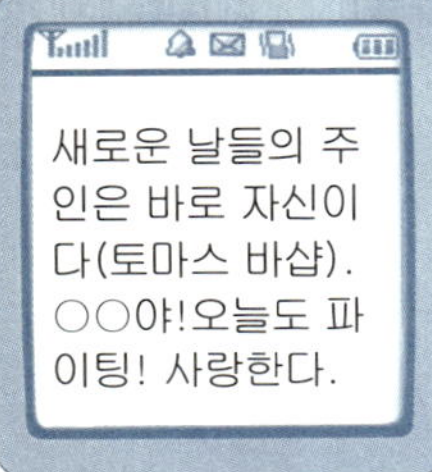

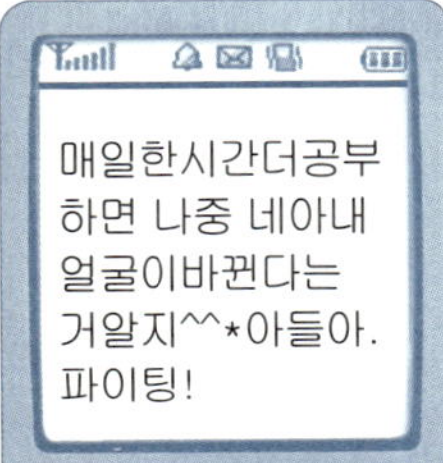

- 새로운 날들의 주인은 바로 자신이다(토마스 바샵). 사랑하는 아들(딸)! 오늘도 파이팅!
- 성공은 기다리는 게 아니라 성취하는 것이다(브라이언). 아들! 다가온 성공 꼭 잡아!
- 영원히 살 것처럼 배우고 내일 죽을 것처럼 살아라(간디). 사랑하는 아들(딸)아! 파이팅~
- 지금 자면 꿈만 꾸지만 공부하면 꿈을 이룬다. 아들(딸)! 꼭 네가 꾼 꿈 이뤄. 파이팅!
- 성공을 이루는 데 아무것도 끈기를 능가하지 못한다(캘빈 쿨리지). 파이팅!
- ○○야! 공부할 때 고통은 잠깐이지만 못 배운 고통은 평생 가는 거 알지. 너를 믿는다.
- 지금 공부하는 열정과 강도가 앞으로 네 인생을 결정한다는 거 명심해. 파이팅!
- 한 시간 더 공부하면 남편(아내) 얼굴이 바뀐다^^* 아들(딸)아 힘내! 파이팅!

- 행복은 성적순이 아닐지 몰라도 성공은 성적순이다. 아들(딸)아. 힘내! 파이팅!

- 지금 잠을 자면 꿈을 꾸지만 지금 공부하면 꿈을 이룬다. 아들(딸)아. 힘내! 파이팅!

- 시간이 부족한 것이 아니라 노력이 부족한 것이다. 아들(딸)아. 힘내! 파이팅!

- 신은 우리에게 견딜 수 있을 만큼의 고통을 주신단다. 아들(딸). 힘내! 파이팅!

- 오늘 보낸 하루는 내일 다시 돌아오지 않는다. 아들(딸). 힘내! 파이팅!

- no pains no gains 고통 없으면 얻는 것도 없다. 아들(딸)아. 힘내! 파이팅!

- 불가능이란 노력하지 않는 자의 변명이다. 아들(딸)아. 힘내! 파이팅!

- 아들(딸)아~고진감래 알지?? 꼭 좋은 결과 거둬 네 어깨에 으쓱으쓱~날개 달아^^

- 지금이 공부할 때다. 날 훌륭한 사람으로 만들 때다(토마스 아켐피스). 아들 파이팅!

- 정상에 오르려면 사다리 오르듯 순서를 밟아야 한다(폴 마이어). 오늘도 힘내자!

- 이 세상에서 이루지 못할 고비란 아무것도 없다(마이크 펠프스). ○○야. 사랑해. 아자^^

- 꿈을 이루기 위해 이상을 크게 가져야 한다(마이크 펠프스). 아들(딸)아! 오늘도 파이팅^^

❷ 운동하는 자녀에게 보내는 감동의 응원문자

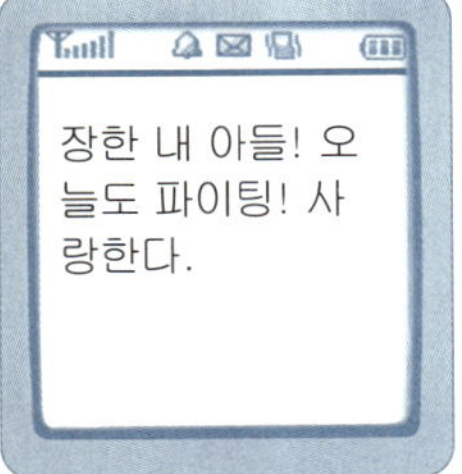

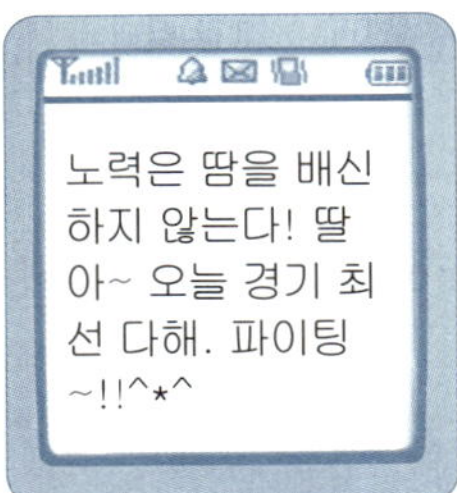

평상시 연습할 때 보내는 응원문자 명품글귀

- 사랑하는 아들(딸) ○○야! 자신감 잃지 말고 파이팅!
- 장한 내 아들(딸)! 오늘도 파이팅! 사랑한다^^><
- ○○야! 꿈은 이루어진다. 오늘도 파이팅!!
- 우리집 자랑 ○○야!^o^ 아자아자 파이팅!^^
- 항상 초심 잃지 말고 열심히 해~알았지?! 사랑하는 내 아들(딸)~
- 힘내라. 아들(딸)! 고~고! 아자 빠샤~^^~
- 아들(딸)아! 넌 반드시 챔피언이 될 수 있어~ 아자아자 파이팅^0^
- 아들(딸)아! 마지막 챔피언을 위해♬ 파이팅!
- 아들(딸)아! 오늘도 우리 식구 모두 다 같이 파이팅*^-^*~! 사랑해♡
- ○○야! 우리 가족 모두 머문 자리에서 정말 최고가 돼보자. 파이팅>_<♥
- ○○야! 훈련하다 다치지 말고 몸조심해. 건강이 최고야! FIGHTING!
- ○○야! 챔피언되는 그날까지 늘 응원할게~우리 아들(딸) 지화자^^♥
- ○○야! 후회 없는 경기 위해 최선 다하며 ㄱㄱ싱~ 아자아자^^

- 언제나 최선을 다하는 네 모습이 보기 좋아. 사랑한다. 아들(딸)아!
- 최선을 다하는 모습이 가장 아름답단다! ○○야! 오늘도 파이팅~ 사랑한다.
- 규칙적인 생활하면서 건강관리 잘해. 그것이 성공비결이야. 사랑하는 내 아들(딸)아!
- ○○야! 조금만 더 힘내. 알았지? 힘들고 지쳐도 Forever! 파이팅~^^♡
- 묵묵히 땀을 흘리며 고생하는 내 장한 딸(아들)아, 넌 반드시 성공할 거야. 아빠(엄마) 확신해. 사랑한다.(MMS)

경기 바로 전에 보내는 응원문자 명품글귀

- 노력은 절대 땀을 배신하지 않는다! 오늘 경기~최선 다해 열심히 해. 파이팅~^*^
- 사랑하는 ○○야!! 가슴과 열정은 뜨겁게 시합은 차갑고 냉철하게. 알았지. 파이팅!!
- ○○야! 오늘 네 경기가 순간이 아닌 네 역사로 남도록 만들어 봐. 아자!! 사랑한다.
- 그동안 노력이 결실을 맺을 때다. ○○야!!! 마음 편히 갖고 최선 다해. 파이팅~
- 최고보단 최선을! 메달에 부담 갖지 말고 최선 다해라!! 내 사랑 ○○야 파이팅^^~
- 네가 흘린 소중한 땀방울이 그 결실 맺는 날! 아들(딸)다! 사랑한다. 아자! 파이팅!
- ○○야! 네가 흘린 땀방울의 흔적이 귀한 보석으로 돌아오길 기도할게. 엄마(아빠)가
- ○○야! 오늘 경기~최선 다해 멋진 모습 보여다오!^ε^ 파이팅!

- 아들아! 기죽지 말고 최선 다해! 엄마 아빠가 열심히 응원할게. 알았지? 파이팅!

- 오늘 멋진 모습 보여 줘. 알았지! 힘내. 파이팅! 아자♥♥

- ○○야! 이번 경기에 좋은 결과 있기를 바란다. 파이팅!>=<

- 꿈★은 이루어진다. 내 사랑하는 아들(딸)아! 아자아자! 파이팅︿︿

- 아들(딸)아~최선만 다해 다오^ㅂ^ 넌 충분히 잘할 수 있어. 엄만 믿어. 파이팅♥

- 그간 열심히 준비한 아들아! 네 진면목을 유감없이 보여주길 바란다. 알았지? 파이팅!

- 오늘 시합에서 변화된 네 모습을 기대해본다︿︿ 아들아, 사랑한다. 아자︿︿아빠가.

- 꿈☆은 이루어진다. 아들아! 부담 갖지 말고 네 실력 맘껏 펼쳐라. 파이팅!(^-^)/~

❯ 아포리즘을 인용한 운동경기 격려용 감동문자

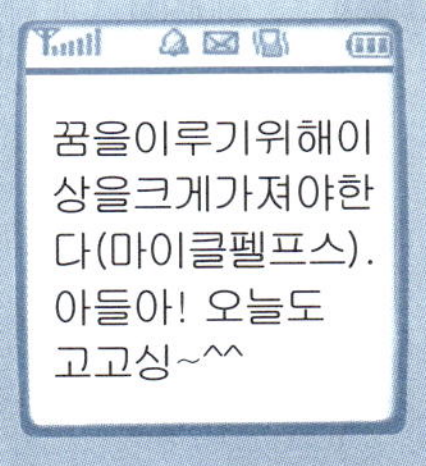

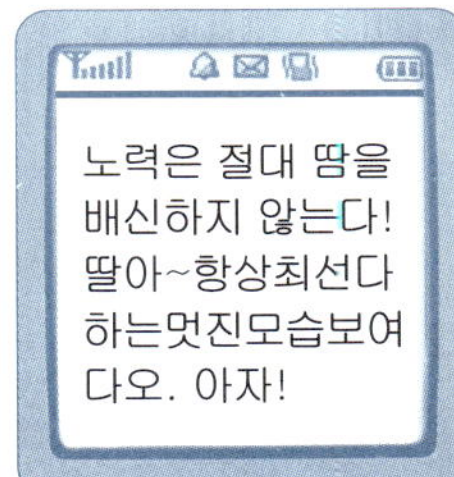

- 이루지 못할 것은 아무것도 없다(마이클 펠프스). 꿈은 꼭 이루어질 거야. 파이팅!

- 꿈을 이루려면 이상을 크게 가져야 한다(마이클 펠프스). 목표향해 오늘도 고고싱~

- 성취욕이 없으면 앞서 나갈 수 없다(격언). 아들(딸)~목표 향해 힘차게 파이팅^^

- 잡을 수 있는 승리는 값진 것이다(격언). 꼭 챔피언 먹어야 한다^^파이팅!!

- 포기하지 않는 한 불가능이란 없다(나폴레옹). 아들(딸)아~아자아자! 파이팅~♡♡

- 8관왕되기 위해 필요한 것은 먹고 자고 수영하는 것뿐(마이클 펠프스). 파이팅!

- 노력은 땀을 배신하지 않는다! 아들(딸)아~늘 최선 다하는 멋진 모습 보여다오. 아자!

- 운동이 좋았고 지쳐 쓰러져도 행복했다(최민호). 일에 디쳐야 성공한단다. 파이팅!

- 훈련 그 자체가 행복의 연속이다(최민호). 아들(딸)아~즐기면서 운동해. 알았지?

- 오늘이 무슨 요일인지 난 모른다. 수영만 한다(마이클 펠프스). 고지를 향해 파이팅^^

- 금메달은 내 생일 최고의 선물이다(최민호). 아들(딸)아~네 생애 최고의 선물 꼭 가져라.

- 마음이 모든 것이다. 고무 같은 근육들까지도(파보 누루미). 초심 잃지 말고 파이팅!

- 꿈을 현실화하려면 두려운 결심, 헌신, 훈련, 노력이 필요하다(제시 오웬스). 파이팅!

- 언제나 최선을 다하려 애썼다(마크 스피츠). 최선 다하는 멋진 아들(딸) 모습 보여주렴.

- 인생에서 뭔가 이루려면 열심히 노력하는 길밖에 없다(브루스 제너). 오늘도 파이팅^^

- 고된 훈련 덕분에 쉬웠다. 그게 나의 승리 비결이다(나디아 코마네치). 힘내! 아들(딸)!

- 자신을 채찍질하며 수백, 수천 번 훈련했을 때 발전이 온다(에밀 자토펙). 파이팅!

- 열정이 없다면 성취도 없다(마이클 조던). 사랑하는 ○○야! 오늘도 파이팅^6^ 힘내!

- 건강과 좋은 몸매는 함께해야 한다(스투 미틀맨). 아들! 건강 챙기며 운동해. 알았지?

- 몸집 크다고 잘하는 것이 아니라 투지가 있어야 한다(아이젠하워). 아자! 파이팅!^^

07

생일, 결혼(기념일) 축하인사용

멋진 감동문자메시지

기쁨은 공유해야 그 향기가 마음속 깊이 자리해 머문다. 축하문자를 띄우는 것은 축하를 받는 안면 있는 사람에 대한 기본 예의다.

생일축하용 인사문자를 띄워 기억하게 만들어라

사람들에게 1년 중 가장 행복하고 기억에 남는 날을 말하라고 할 때 누구든 가장 많이 떠올리는 날은 아마도 생일일 것이다. 이날 보내는 생일축하 문자는 다른 날 보내는 문자보다 받는 사람의 마음에 더 진한 감동을 주고 카타르시스를 불러일으켜 오래도록 기억에 남게 한다.

사적으로 보내는 생일축하 문자는 대부분 저장해둔다. 이것이 친밀한 인간관계의 디딤돌이 되어 좋은 만남을 이끌어내는 시금석이 됨을 인식하고 친분관계를 더욱 돈독히 해야 할 사람에게는 반드시 생일날을 알아둔 다음 그날 출근할 무렵 생일축하 문자를 맛깔스럽고 격조 있게 보내 상대방이 하루 종일 기분 좋게 생활하도록 만들어보자.

명품문자로 단문편지 한 통 멋지게 만들어 생일을 맞은 상대방에 띄워 보내 기쁘게 해주자. 그리하여 그 감동이 나중에 자신에게 부메랑으로 되돌아오게 만들어보자.

⊙ 사랑하는 사람에게 띄우는 멋진 생일축하용 감동문자

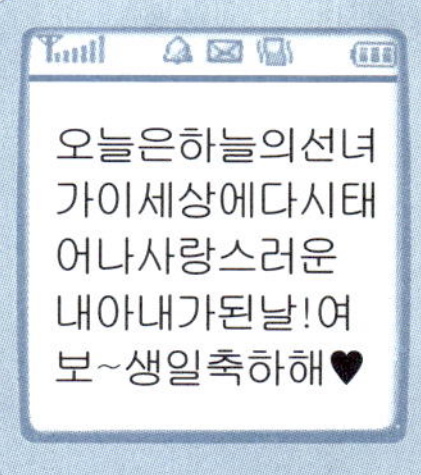

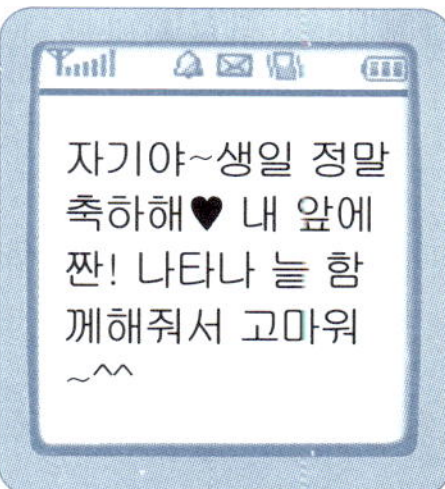

- 오늘은 늘 아름다운 행복 선사해주는 예쁜 내 사랑 잔칫날~자기야, 생일 축하해.

- 생일 진심으로 추카해용! 그대가 이 세상에 있는 게 내겐 큰 선물이고 기쁨입니다.

- 오늘은 신이 지구에 유일하게 보내준 천사가 태어난 날^^ 자기야! 생일 축하해★

- 오늘은 하늘의 천사가 이 세상에 아기로 탄생하여 다시 내려온 날~생일 축하해^^*

- 울 낭군님! 생일 마니마니 축하해용! 여보야~먹고 싶은 거 말해. 내가 쏠게. 사랑해♡

- 오늘은 사랑하는 내 아내가 천사로 이 세상에 태어난 날! 여보! 생일 축하해.

- 생일추카함다♪~생일추카함다~~싸랑하는 쟈기! 생일 ㅊㅋ함당♬~~추카해^♡

- 오늘은 지구상에 유일하게 남아 있는 천사의 생일^^ 여보~ 생일 축하해. 사랑해♥

📳 울 자기 생일 축카추카해~오늘 만땅으로 행복하게 해줄게^^마니마니 사랑해★♥

📳 오늘은 하늘에서 천사가 예쁜 아기로 탄생한 지 ○○번째 되는 날! 여보, 생일 축하해.

📳 오늘 하루~당신에게 다 줄게. 축하해! ○○번째 내 예쁜 공주 생일을~o♥★

📳 당신은 사랑받기 위해 내 곁에 온 사람, 그 사람이 태어난 오늘~생일 축카추카해~

📳 이 세상 어떤 꽃보다 향기로운 당신. 오늘 생일 맞아 더 예쁜 당신. 많이 축하해.

📳 하늘의 선녀가 하강해 ○○년 전 귀여운 아기로 태어난 날! 선녀님! 생일 축하해♥

📳 울 짱 자갸! 멋진 울 쟈기 생일 마니마니 추카♬ 또~추카해!o^♥

📳 요홀라 구여운 내 자기야! 생일 넘 추카해용! 이따 만난 거 마니 사줄겡^^♡

📳 예쁜 자갸! 생일 축하해. 오늘 당신 매력에 누가 되지 않도록 멋지게 보내삼^^

📳 자기야!! 생일맞은 당신 그 예쁜 모습에 누되지 않게 만들어줄게. 축하해! 사랑해♡

📳 진심으로 생일 축하해. 지금까지 내 옆에 있어 줘 넘 고맙고… 자기야. ♡♡♡

📳 생일 축합니당~당신의 생일을~♬ 짝짝짝~^o^자기야! 생일 마니마니 축하해^o^

📳 공주마마!!! 오늘 생신축하드리나이다~ㅋㅋ 자기야! 생일 마니마니 축하해! 사랑해!

📳 오늘 내 하루~당신에게 다 줄게 가져가^^ 축하해. 내 예쁜 공주 ○○번째 생일을~♡

📳 생일 마니마니 축하해~이 땅에 태어나줘서 그리고 늘 곁에 있어줘서 고

마워~♥

- 오늘 당신의 생일~태어나줘서 고마워. 생일 축하해♬♪ 오늘 홍복 누리게 해줄게.
- 당신의 탄생은 내게 가장 큰 영광^^* 당신의 생일 진심으로 축하축하해. 사랑해♥
- 내 사랑받기 위해 태어난 자기! 생일 축하해. 오늘 당신만 위한 시간 보낼게♥

MMS용 문자메시지 명품글귀

- 내 사랑하는 여보야! 당신의 ○○번째 생일, 진심으로 마니마니 축하해. 동반자인 남편으로서 온 마음 다해 사랑해줄게. 그리고 오늘 홍복 마음껏 누리게 해줄게^^♥
- 오늘은 당신 생일이지만 내 생일도 돼. 왜냐하면 당신이 오늘 안 태어났으면 난 태어날 이유가 없거든^^ 자기야! 생일 축하해.
- 남편이 절대 잊어서는 안 될 날은 아내의 탄생일, 자신의 결혼기념일이다. 두 날은 절대 잊어서는 안 된다(데일 카네기). 자기야! 죽는 날까지 이 날들은 꼭 멋지게 챙겨줄게^^
- 오늘은 하늘의 천사가 내 자기가 되어 이 세상에 다시 태어난 날! 자갸, 생일 마니마니 추카해. 오늘 자기가 해달라는 거 다 해줄게. 이 시간 이후로 내 시간은 당신 거야^^

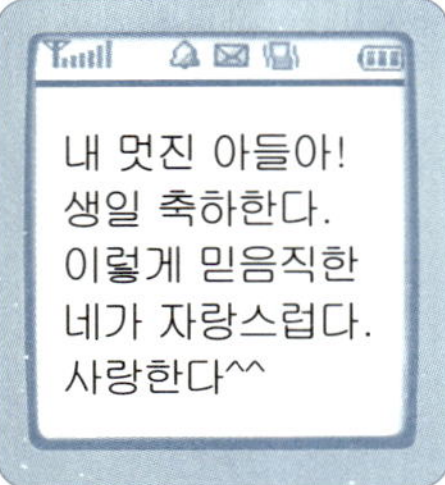

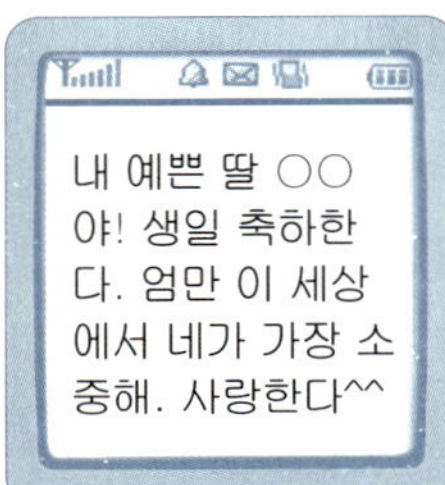

- 아들아! 생일 축하해. 엄마(아빠) 아들로 (멋지게) 태어나줘서 고맙고 사랑한다.
- 딸아! 생일 축하한다. 엄마(아빠) 딸로 (예쁘게) 태어나줘서 고맙고 사랑한다.
- 단풍잎처럼 고운 우리 딸. 사랑하고 생일 진심으로 축하한다. 사랑해!
- 세상에서 가장 예쁜 내 딸! ○○번째 생일 축하한다. 우리 공주~아빠(엄만) 정말 사랑해~
- 아들아! 이리도 대견하게 큰 우리 아들 생일 축하한다. 멋진 하루 보내. 사랑한다.
- 이 세상 어떤 왕자보다도 멋진 내 아들 ○○야! 생일 축하한다. 사랑해. 아들!
- 어머님(아버님) 생신 축하드립니다. 오래오래 건강하세요. 더 많이 효도할게요^^
- 어머님(아버님) 생신 축하드립니다. 저를 이렇게 길러주셔서 감사합니다. 사랑해요^^★
- 사랑하는 우리 ○○ 생일 축하해~ 항상 건강하고 행복하렴!

우리 예쁜 공주님! 생일 축하한다. 지금보다 더 예쁘게 커다오. 사랑한다.

우리 멋진 왕자님! 생일 축하한다. 지금보다 더 믿음직하게 커다오. 사랑한다.

천사 같은 내 딸아! 생일 마니마니 축하한다. 사랑해.

우리 짱 아들!^^ 생일 축하한다. 늘 멋진 모습 보여다오.

내 구(귀)여운 동생아! 생일 요홀라 추카해. 오늘 너 째지게 행복한 날 보내삼^^

엄마 다음에는 내 딸로 태어나. 엄마보다 내가 더 많이 사랑해줄게. 생신 축하해요.

눈에 넣어도 안 아픈 우리 아들(딸)아! 태어나서 고맙고 생일 축하한다. 사랑한다^^

내게 가장 멋있게 보이는 형아! 생일 만땅으로 축하해. 등생에게 앞으로 잘 대해줘^^

내게 최고로 멋진 누나야! 생일 요홀라 추카해. 앞으로 용돈 좀 가끔 주고^^

우리 엄마♬ 예쁜 엄마♪~생신 축하해요♬^^ 엄마! 생신 축하해요. 마니 사랑해요^^

우리 아빠♬ 멋진 아빠♪~생신 축하해요♬^^ 아빠! 생신 축하해요. 마니 사랑해요^^

단풍잎처럼 고운 우리 큰딸. 생일 진심으로 축하한다. 사랑해.

MMS용 문자메시지 명품글귀

오늘은 하늘의 선녀가 이 땅에 내려와 우리 예쁜 ○○로 탄생한 날! 사랑스러운 ○○야! 생일 마니마니 축하해~오늘 하루 기쁘게 보내고 늘 행복만 가득하길 기도할게^^(자녀 또는 조카에게 사용)

엄마 생일 축하해요. 다음 생애는 꼭 내 딸로 태어나세요. 내가 엄마한테 받은 것보다 더 많이 사랑해줄게요. 아셨죠^?^

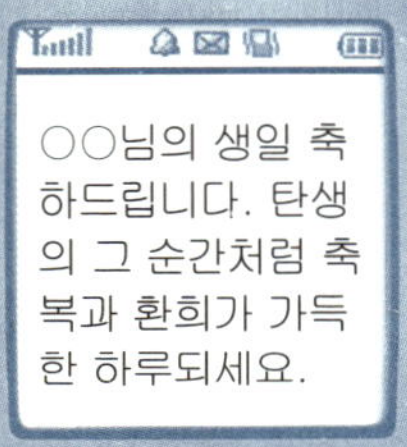

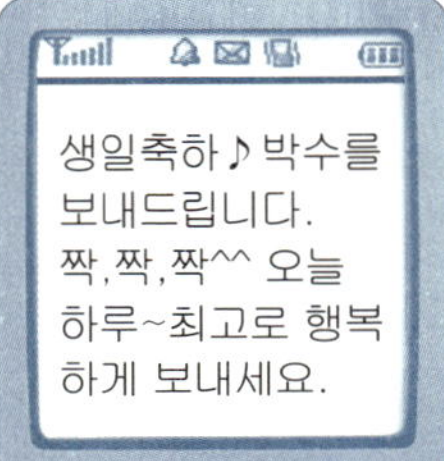

- ○○님! 생일 축하합니다. 오늘 하루 이 세상에서 제일 기쁘고 행복하게 보내세요^^

- 오늘은 ○○님이 태어나신 가장 소중한 날! 세상에서 가장 행복한 사람 되세요^^

- ○○님! 기쁘고 행복한 날을 맞이하실 준비는 되셨는지요^?^ 생일 축하합니다!

- 온 마음 담아 하늘만큼 땅만큼 추카~또 추카합니다. Happy Birthday~

- 멋진 날 아름다운 세상에 사랑 듬뿍 안고 태어난 ○○님 생일 진심으로 축하해요~

- 오늘~축복받은 생일 맞아 행복, 기쁨, 사랑 가득한 최고로 멋진 날 되세요.

- 생일 진심으로 축하하며 항상 건강하고 행복하길 마음 담아 기도합니다.

- 생일 진심으로 축하합니다. 언제나 건강하고 행복하길 바랍니다. 좋은 하루되세요.

- 1년에 딱 한번뿐인 소중한 생일~축하드립니다. 행복 충만한 하루되세요.

- ○○님의 생일~진심으로 축하합니다. 최고로 빛나는 생일 맞으세요.

📟 생일 축하합니다. 오늘 하루 가장 행복한 날 되시고 내내 건강하세요.

📟 오늘은 하늘의 천사가 이 세상에 태어난 날^-^주인공인 ○○님의 생일 축하합니다.(여자에게 사용)

📟 생일 정말 정말 축하드려요. 소중한 추억 많이 만드시는 행복만땅의 하루되세요^^

📟 생신 진심으로 축하드립니다. 오늘은 ○○님께 가장 특별하고 행복한 하루되세요^^

📟 오늘은 ○○님께서 이 세상 모든 축복 받으시며 태어나신 날! 생일 축하합니다♪

📟 생일을 맞은 ○○님께 축하의 마음을 전합니다. 생일 즐겁게 보내시고 행복하세요.

📟 ○○님의 생신 진심으로 축하드립니다. 오늘 하루 기쁨과 행복 충만~하소서.

📟 오늘은 바로 ○○님의 날! 가장 소중한 사람과 행복한 추억 남기세요.

📟 생일 축하합니다. ○○님의 삶이 오늘 밝히는 축하 케이크의 불꽃처럼 늘 아름답길.

📟 ○○님! 생신 축하드립니다. 오늘 세상에서 가장 행복하게 보내세요^^

📟 ○○님! 생일 축하드립니다. 이 기쁜 날! 사모님(사장님)과 가장 행복한 시간되세요.

📟 ○○님!! 생일 축하드립니다. 맛난 것 많이 드시고 행복하길 바랍니다^^

📟 아름다운 계절에 태어나신 ○○님~! 생일 축하합니다.

📟 생일 축하드립니다. 축복의 날 맞아 가장 기쁜 하루되길 바랍니다.

📟 생일~축하합니다! 짝짝짝♬ 행복과 기쁨 넘치는 오늘이길 바랍니다.

📟 ○○님! 귀빠지신 날^^축하해요~축하 꽃다발로 기쁨 맘껏 느끼는 행복한 날 되세요^^

📟 생일 추카추카합니다♬ 오늘 가장 기쁜 날 되시고 늘 행복하세요.

📟 오늘은 ○○님이 태어나신 소중한 날! 생일 정말 축하드려요. 행복한 하루되세요^^

- 오늘따라 하늘이 더욱 고운 것은 온 세상이 ○○님 생일을 축하하기 때문입니다^^ 오늘 하루 종일 기쁜 웃음꽃만 피는 행복한 시간되세요~

- 인생에 새로운 희망의 한 페이지를 곱게 물들이는 기쁜 날! 생일 진심으로 축하드립니다. 최고로 행복한 하루되세요.

- ○○님!! 생일 정말 정말 축하드려요~오늘! 행복하고 소중한 추억 만드시고 입가에 미소만 가득한 행복한 하루되세요^^

- 오늘은 ○○님께서 이 세상에 오신 가장 소중한 날! 생신 정말 축하드립니다. 세상에서 가장 행복한 ○○님만의 하루되세요^^

- ○○님! 생신 정말 축하드립니다. 이 세상에서 제일 행복한 ○○님이 되시는 날이길 기도합니다^^

◐ 지인에게 사적으로 띄우는 멋진 생일축하용 감동문자

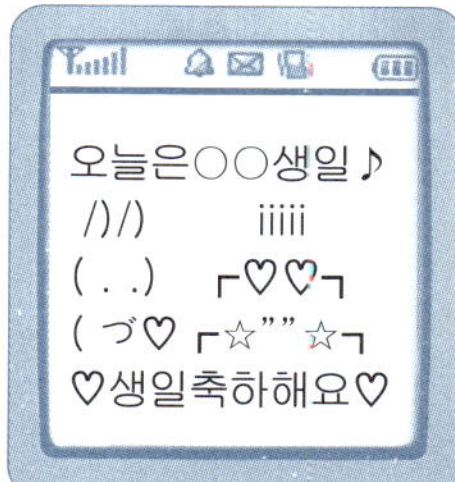

🖥 이 세상에서 가장 소중하고 기쁜 오늘! 행복한 마음 한껏 펼쳐 멋진 생일 보내세요.

🖥 제 생일인 듯 아침부터 괜스레 마음이 들뜨네요^^생일 축하합니다. 행복한 하루되세요.

🖥 생쉰(생일)ㅊㅋ함다♪~생쉰(생일)ㅊㅋ함다♬ 싸랑하는 오라버니(○○○)~생쉰(생일)ㅊㅋ함다~짝짝짝^^

🖥 오늘은 멋진(예쁜) ○○가 사랑과 축복받으며 태어난 날! 생일 축하해. 행복한 하루보내(돼)^^

🖥 생일 정말~ 축하해. 오늘은 네 날이야! 오늘 하루 마음대로 다 써. 내가 다 줄게^^

🖥 ○○에겐 그 어느 날보다 기쁜 날. 생일 축하해. 기쁜 날인만큼 행복 가득한 하루돼!

🖥 친구야! 생일 축하해. 오늘 하룬 더 행복하고 기쁨 가득한 소중한 날 돼~

🖥 ○○야! 짝짝짝♪ 해피버스데이~ 축하한다. 기분만땅, 행복만땅 좋은 시간 보내^^

- 짱 친구야! 생일 만땅으로 축하해. 째지게 행복한 하루 보내삼^^

- 짱~예쁜 친구야! 생일 축하해. 오늘 내내 행복한 하루 꼭 되삼^^

- 친구야! 오늘은 너의 즐거운 버스데이^^ 생일 추카해~너 꼭 행복만땅하삼!!!

- ○○님(씨)!! 생일 추카드려요^^ ○○(상대방 배우자 이름 또는 호칭 명시)와 함께 좋은 하루 보내세요.

- ○○야! 생일ㅊㅋㅊㅋ!!!~오늘은 네 날이니 네가 한턱 쏘렴^^ㅋㅋ 이따 친구들과 만나~

- ○○님! 생일 축하드립니당^^ 오늘 최고로 조은(즐거운, 행복한) 하루 보내삼~

- 생일~진심으로 축하드립니다. 덜도 말고 오늘처럼 행복하시기 바랍니다^^

- ○○님~귀빠진 날이군요^^ 축하드립니다. 건강하시고 늘 행복한 시간 되세요.

- ○○님! 생일 축하드립니다. 건강한 마음으로 항상 행복하길 기도합니다.

- 생신을 진심으로 축하드립니다. 날마다 향기롭고 행복하시길 기원합니다^^*

- ○○님! 생일 진심으로 축하드립니다! 오늘 하루 행복과 기쁨만 흐르는 고운날 되세요.

- ○○님!!! 생일 정말 축하드려요. 곱고 아름다운 모습 오래 지니시고 늘 건강하세요.

- HAPPY BIRTHDAY TO YOU~! 늘 행복하시고 건강하세요^^*

- 오늘 생일~정말 축하드려요. 최고로 행복한 날 되세요^^

- 생일 축하드립니다! 오늘 하루는 이 세상에서 제일 행복하길 바랍니다.

- ○○님~방그리~생일 축하드려요. 오늘 최고로 행복하시길 바랍니다^^

- 생일 축하드립니다. 오늘 하루 온 종일 기쁨 속에 행복한 마음만 되세요^^

- 신록의 계절 싱그러움(계절에 따라 다르게 명시)과 함께 오신 ○○님! 생일 ~♬축하합니다^^*

- 방글방글 ○○님! 생일 축하♬축하~♪합니다.(함당︿︿) 최고로 기쁜 날 되시고 행복하세요~(행복하셈︿︿)
- 오늘은 ○○의 날. 이 세상에서 제일 행복한 사람이 되는 날︿︿ 생일 축하해.
- 생일 축하해요. 기쁜 날 맞이하여 더욱 행복한 날들만 항상 함께하길 기도합니다.
- 생신 축하드립니다. 가장 축복받는 기쁜 하루되세요︿︿

MMS용 문자메시지 명품글귀

- ○○님. 생일 축하합니다. 햇빛처럼 찬란히 샘물처럼 드맑게 언제나 기쁨과 행복만 곱게 피소서︿︿ 최고로 행복한 하루되시고요︿︿*
- 오늘은 내게 가장 소중한 ○○가 가득한 축복 속에 태어난 가장 기쁜 날! ○○야. 생일 마니마니 축하해︿︿
- 생일~축하드립니다. 세상을 처음으로 품에 안으신 오늘처럼 매일매일 이 빛나고 향기로운 순간들로 가득한 시간되세요.
- 생일 츄카츄카~! 이렇게 좋은 계절(날)에 태어나셨군요︿︿ 그래서 얼굴도 예쁘시고 마음도 곱고︿︿ 기쁜 날 되세요.
- 오늘 하루는 ○○에게 이 세상 안게 해준 가장 기쁜 날!! ○○야! 축하해. 최고로 행복한 하루 보내.

❥ 결혼축하용으로 보내는 멋진 감동의 축하문자

결혼은 인생의 가장 큰 축복이다. 결혼하는 사람에게 감동을 주는 축하문자는 두고두고 친밀감의 싹을 움트게 해준다. 멋진 결혼 축하문자를 띄워 보내 아는 사람이 좀더 행복한 마음으로 결혼하도록 좋은 인상을 각인시켜주자.

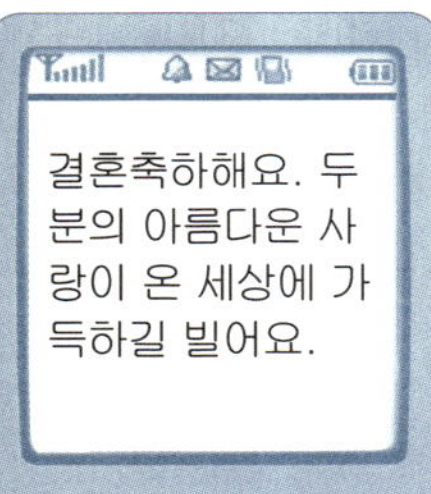

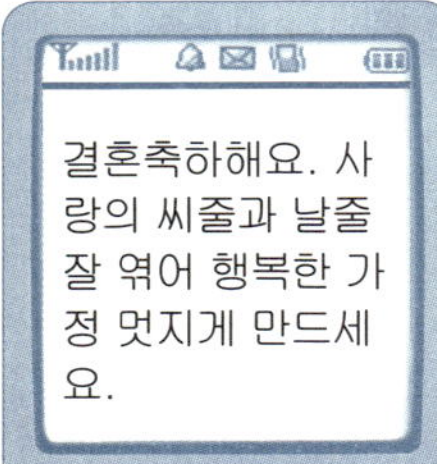

- 결혼! 진심으로 축하합니다. 평생 멋진 사랑과 행복 가꾸세요.
- ○○님! 결혼추카합니당♡ 항상 행복하게 잘사세여~^0^
- 지상의 최고급 행복은 결혼이다(펠프스). 최고의 행복 늘 누리세요. 결혼 축하해요.
- 오늘은 이 세상에서 가장 행복한 날~결혼 축하한다. 평생 행복하게 잘 살아!^^
- 결혼 축하해요. 늘 건강한 모습으로 행복한 가정, 아름답게 가꾸세요.
- 아름다운 날 아름답게 시작된 결혼! 영원한 행복으로 곱게 엮어가길.
- 결혼 진심으로 축하합니다. 사랑과 행복만 가득한 예쁜 가정~가꾸세요.
- 온 마음을 모아 결혼 축하합니다. 모두 부러워하는 행복한 가정 꼭 만드

세요^^

🖥 두 분, 새로운 인생 출발, 진심으로 축하드립니다. 평생 행복만 가득하세요^^

🖥 결혼! 축하해요. 새로운 인생길 행복의 꽃으로 가득 수놓으시길 바랍니다^^

🖥 결혼 축하한다^^ 언제나 행복하고 남들 부러워하는 멋진 삶 돼야 해.

🖥 세상 축복 한 몸에 받으며 필연의 싹 틔워 부부됨을 축하합니다. 항상 행복하세요.

🖥 결혼 추카추카해요. 행복바이러스 온 가정에 가득 흩뿌려 내내 기쁨만 충만하길^^

🖥 사랑으로 하나 된 두 분의 결혼 진심으로 축하합니다. 더욱 행복한 가정 이루세요.

🖥 결혼 축하합니다. 나무와 같이 두 분의 사랑도 하늘 향해 곧게 뻗길 바랍니다.

🖥 밝은 미래를 향해 나아가는 ○○님의 결혼 진심으로 축하드립니다. 예쁘게 사세요.

🖥 결혼 축하합니다. 한평생 늘~사랑 듬뿍 나누면서 알콩달콩 행복하세요.

🖥 인생의 가장 큰 축복, 결혼 진심으로 축하드립니다. 행복 가득한 멋진 가정이루세요.

🖥 온 세상이 축복해주는 ○○의 결혼, 내딛는 발자국마다 행복만 가득하길 바래.

🖥 세상의 모든 찬사 다 실어 결혼 축하드립니다. 꼭 사랑과 행복만~가득하세요.

🖥 결혼 축하합니다. 누구나 부러워하는 사랑으로 수놓은 행복의 보금자리 만드세요.

🖥 ○○님 결혼! 진심으로 축하합니다. 오늘 홍복 가득 누리고~항상 행복하세요!

🖥 결혼 축하~축하합니다. 사랑밭 가꾸며 언제나 행복하세요.

- 잉꼬부부로 영원한 사랑 나누며 늘 행복에 젖어 지내길 바래. 결혼 축하해.
- ○○님의 새로운 인생에 축복과 기쁨만 가득하길 바랍니다. 축하합니다.
- 친구야, 결혼~축하한다. 네가 소망하는 아름다운 꿈이 영글어 축복넘치길 기원해.
- 결혼! 축하드립니다. 행복으로 끊임없이 피어나는 날들만 되소서.
- 사랑의 씨줄과 날줄 아름답게 엮는 날! 축하한다. 꼭 행복해야 돼^^
- 희망과 설렘으로 빚은 결혼, 늘 기쁨과 즐거움만 함께하길 소망합니다. 행복하세요.
- 친구야! 결혼 요홀라 축하해! 행복 만땅 싣고 짱으로 잘 살아야혀^^ 약속▨▨
- ○○야. 너의 제2인생 출발 진심으로 축하해. 영원히 멋진 가정, 행복 가꾸길 바래^^
- 환하게 웃는 네 모습이 더욱 돋보이는 오늘! 결혼 축하해. 멋진 가정 만들어^?^
- 재석아, 니가 결혼하면 새로운 인생을 살게 될 텐데 그 세상 다 씹어먹어 버려라!(강호동 씨가 유재석 씨에게 결혼 전 보낸 축하문자 글귀)

월별 특징을 소재로 멋지게 띄우는 결혼 축하문자 명품글귀

- 새해 축복의 달 1월, 모든 축복 다 누리는 결혼! 진심으로 축하합니다.
- 새 희망이 샘솟는 입춘의 계절, 장밋빛 희망 가득한 결혼! 축하 축하합니다.
- 꽃피는 춘삼월에 사랑의 꽃 활짝 피워 결혼하게 됨을 진심으로 축하합니다.
- 사랑의 달 4월에 아름다운 사랑의 결실인 결혼을 진심으로 축하합니다.
- 가정의 달 5월에 행복한 가정 곱게 꾸미는 결혼이 이뤄짐을 축하드립니다.
- 결혼의 여신 주노의 달 6월! 이 좋은 6월에 결혼함을 진심으로 축하합니다.
- 행운의 여신이 늘 함께하는 이 좋은 7월에 결혼함을 진심으로 축하합니다.

- 태양의 계절 8월에 영원히 불타오르는 멋진 결혼 이룸을 진심으로 축하합니다.
- 영금의 달 9월 이뤄지는 인생 최고의 영금인 결혼~진심으로 축하합니다.
- 결실의 달 10월 이뤄지는 가장 아름다운 결실인 결혼을 진심으로 축하합니다.
- 추억의 계절 11월 세상에서 제일 멋진 추억인 결혼을 진심으로 축하합니다.
- 마무리의 달 12월에 인생 최고의 피날레인 결혼을 진심으로 축하합니다.

MMS용 문자메시지 명품글귀

- 이 아름다운 계절에 흑장미보다도 고귀하고 백합보다 순결하고 아카시아보다 신선한 신부가 되어 새로운 인생을 향해 출발하심을 진심으로 축하드립니다.
- 부부는 온 우주가 한 가정으로 좁혀지게 만드는 인생 최고의 기적이랍니다. 그 기적 더욱 알뜰히 행복하게 만드세요. 결혼진심으로 축하합니다.
- 이제 어엿한 가장으로 믿음직한 제2인생 새 출발하는 ○○야! 네가 무척 대견스럽고 자랑스럽구나. 결혼 축하한다. 오늘부터 이 세상 행복은 모두 네가 가져라^^

❷ 결혼기념일에 보내는 멋진 축하인사문자

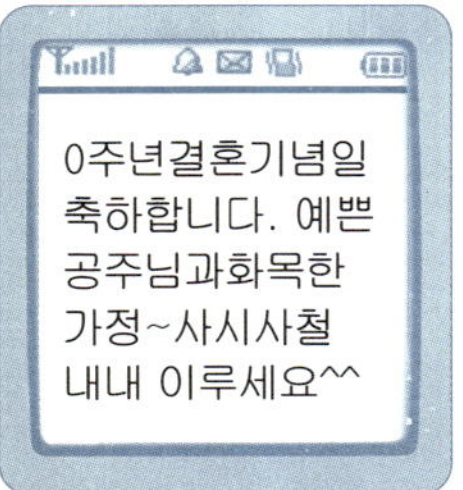

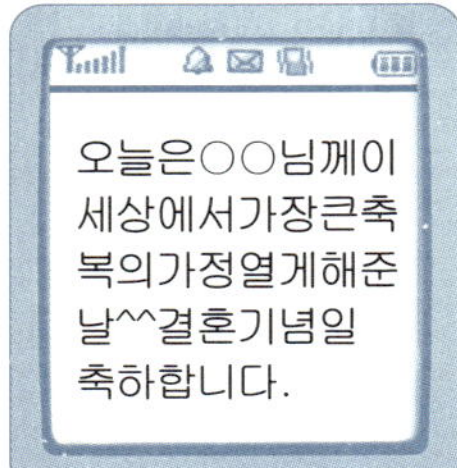

- 두 분이 함께 귀빠진 날^6^ 추카추카. 두 분 언제나 해피하띵! 싸랑 가득요~^^*

- ○○야! 결혼기념일 축하해. 더욱 행복한 모습, 사랑 가득한 가정 가꾸길 바랄게.

- 두 분의 ○○주년 결혼기념일 진심으로 축하드립니다^^* 행복 가득한 오늘되세요~

- 어머님(아버님)! ○○주년 결혼기념일 축하드립니다. 두 분이 재미있게 데이트하세요^^

- 결혼 ○○주년~축하드립니다. 오늘 하루 내내 행복한 결혼기념일 되세요.

- ○○님! 결혼 ○주년 축하 축하합니당♬ 오늘 두 분이 최고로 행복한 하루되세요^^

- ○주년 결혼기념일 축하드려요. 홍복누리시고 앞으로 더 행복한 모습 보여주세요^^*

- 언제나 행복한 두 분의 결혼기념일 진심으로 축하합니다. 오늘 더욱 행복하세요.

- 결혼기념일 축하드립니다. 두 분께 웃음 꽃 활짝 펴 행복이 넘치는 날 되소서^★^

- ○○내외에게 이 세상에서 가장 큰 축복의 가정 열게 한 오늘^^ 결혼기념일 축하합니다.

- 결혼기념일 축하합니다. ○○님 가정 안에 모든 사랑과 행복이 깃들길 바랍니다.

- 오늘은 두 분이 행복한 가정위해 첫걸음 뗀 소중한 날! 결혼기념일 축하합니다^^★★

08

회사, 단체 등 조직에서 활용하는

멋진 감동의 격려문자

회사, 단체 등 조직에서 리더가 조직원에게, 상사가 부하직원에게 보내는 격려용 감동
문자는 이를 받아 보는 조직원에게 큰 기쁨과 감동을 안겨줘 일에 대한 의욕과 열정
을 불러일으켜 미래지향적인 조직문화를 싹트게 해준다.

회사, 공공기관, 단체 등 조직생활에서 일반 직장인들이 가장 보람을 느끼는 순간은 CEO, 본사 관리자, 영업 관리자 등 상사에게 칭찬을 받을 때이고, 반대로 관리자들은 부하직원들을 적절히 격려해 성과를 올리게 하거나 능력 있는 상사로 인정받을 때다.

특히 내근사원이든 영업사원이든 어떤 조직에 몸담고 있는 사람들에게 그 조직체의 직속상관에게서 인정받는 것보다 더 기쁜 일은 없을 것이다.

따라서 조직원의 마음을 움직여 일의 시너지 효과를 가져오려면 우선 조직원들의 마음을 내 편으로 만드는 기술이 필요하다. 매일 아침 부하직원들에게 진정성 있고 의욕을 불러일으키는 격려성 감동문자를 보내면 그 메시지는 받는 사람들에게 희망과 열정의 기폭제가 된다.

한울타리 안의 사람들이 희망찬 마음으로 아침을 맞이하고 힘차게 하루 일과를 추진해 큰 성과를 올릴 수 있도록 행복바이러스를 문자메시지에 담아 띄워보자. 그 효과는 금방 나타나 일에 임하는 조직원들의 얼굴 표정이 달라질 것이다. 조직의 업무 능률 향상 및 생산성 제고 등 새로운 활력을 불러일으켜 줄 것이다.

조직원은 리더의 마음에서 우러난 배려와 신뢰의 크기에 따라 일에 임하는 자세 및 성과의 크기, 조직에 대한 비전의 잣대가 달라진다는 사실을 유념하면서 매일 아침마다 기분을 좋게 하고 용기를 심어주는 감동문자를 보내는 데 인색하지 말아야 한다.

문자메시지를 띄워 직원들을 감동시키려면 매일 보내는 문자 글귀가 상투적이어서는 안 되며 조금이라도 새로워야 한다. 그래야만 배려와 정성의 흔적이 엿보여 더욱 호소력이 있게 된다. 이 장에는 리더로서 조직원에게 격려와 용기를 심어주는 감동문자만을 집중적으로 실었다. 따라서 조직원들을 날마다 감동시키기 위해서 보내는 다양한 유형의 하루 인사용 및 격려용 감동문자는 감동문자 책 시리즈 1권과 2권에 테마별로 실려 있는 감동문자들을 응용하여 조직의 특성과 문화, 직원들의 성향, 관계 등을 고려해 잘 디자인해서 보낸다면 더 큰 감동을 선사해줄 것이다.

❷ 경영자가 조직원에게 보내는 멋진 감동의 격려문자

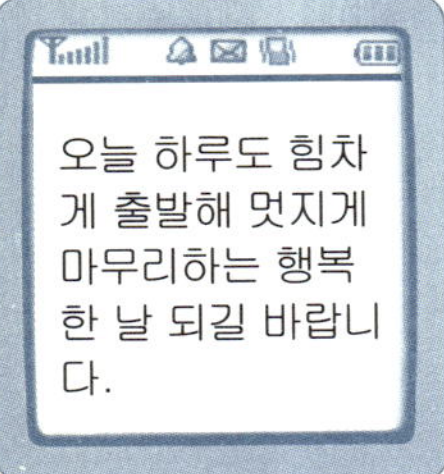

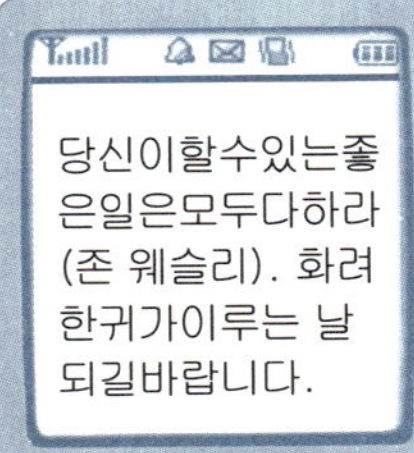

조직원에게 일상적으로 기품 있게 보내는 멋진 감동문자

- 상쾌한 아침입니다. 즐거운 마음으로 활짝 연 하루 행복감으로 굳게 닫길 바랍니다.
- 오늘 하루도 힘차게 출발해 멋지게 마무리하는 좋은(보람된, 행복한) 날 되길 바랍니다.
- 오늘은 하늘이 준 소중한 선물입니다. 후회없이 보내는 알뜰한 하루 만들길 바랍니다.
- 하늘이 준 오늘이란 선물에 감사하며 즐거운 마음으로 보람차게 열어가길 바랍니다.
- 오늘은 새마음(새기분) 새 느낌으로 새희망이 가슴에 움트는 멋진 하루 되길 바랍니다.
- 인생은 리허설 없는 삶! 오늘 인생무대의 주인공이 되어 축하받는 하루 되길 바랍니다.
- 인생에 다시 오지 않는 20xx년 ○월 ○○일입니다. 추억에 남는 멋진 하

루되길 바랍니다.

🔲 오늘 하루 계획한 대로 즐겁고 알차게 열어 기쁜 성과거두는 기쁜 날 되길 바랍니다.

🔲 오늘은 생각만 해도 미소가 번질 수 있는 그런 멋진 하루 만들어보십시오^^*

🔲 오늘은 즐거운 마음으로 하는 일마다 성취하는 기분 좋은 날로 기억되길 바랍니다.

🔲 오늘은 영어로 선물(present)입니다^-^ 하늘이 준 귀한 선물인 오늘 잘 보내십시오.

🔲 시작이란 참 좋은 말입니다. 희망으로 연 하루! 멋지게 마감하는 날 되길 바랍니다.

🔲 희망으로 열리는 오늘 하루! 멋지고 즐겁게 보내 알뜰한 결실 꼭 이루길 바랍니다.

🔲 희망으로 연 아침, 행복꾸러미 가득 안고 화려하게 귀가하는 기쁜 하루 되길 바랍니다.

🔲 오늘 하루가 아름다운 인생위한 터닝포인트 되는 기쁜 날로 만들어보십시오^^*

🔲 오늘~행복으로 열고 희망으로 보내며 만족으로 마무리하는 기쁜 하루 되길 바랍니다.

요일별로 조직원에게 띄우는 감동의 멋진 격려문자

🔲 월등하게 나은 날로 만드는 월요일, 최고의 날로 만드는 기쁜 날 되길 바랍니다^^

🔲 월요일입니다! 설렘으로 맞이하여 기쁨으로 마무리하는 멋진 한 주 되십시오^^

- 화요일입니다! 일이 화통하게 잘 풀려 화려하게 귀가하는 멋진 날 만드세요^^

- 화사한 웃음으로 화기애애한 분위기 만드는 화요일 되도록 노력합시다. 파이팅!^^

- 화요일! 화사한 마음으로 출발하여 화끈한 일 처리로 화려한 귀가되길 바랍니다^^

- 오늘은 화가 나도 웃는 날! 일을 즐기면서 웃음안고 하는 화끈한 화요일 되십시오^^

- 수요일입니다. 하는 일마다 좋은 결과 수북 쌓이는 기쁜 수요일 되길 바랍니다.

- 수지맞는 일만 생기는 수요일! 오늘 하루~기쁜 일만 가득하길 바랍니다★^★

- 수요일은 수시로 웃는 날! 하루 종일 미소만 머무는 행복한 날 되길 바랍니다.

- 일이 수월하게 풀리는 수요일! 하시는 일 술술 잘되는 즐거운 하루되세요.

- 목표가 저절로 잘~달성되는 목요일! 목표한 대로 성과 꼭 이루길 바랍니다.

- 목적한 일이 모두 이뤄지는 목요일 되도록 함께 노력합시다. 파이팅!!!^^

- 금쪽같이 귀한 금요일입니다. 오늘 귀하게 보내 주말 연휴 기쁘게 맞이하세요.

- 금쪽같이 가치있게 보내는 금요일! 능력 맘껏 발휘하는 최고의 날 보내십시오.

- 자신을 금값으로 만드는 금요일! 오늘 세상에서 가장 소중한 사람되길 바랍니다.

❷ 리더가 팀원에게 보내는 멋진 감동의 격려문자

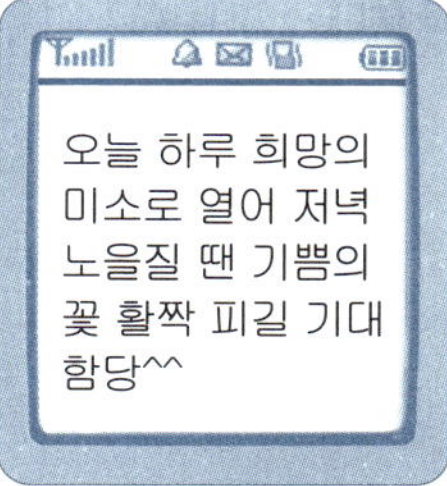

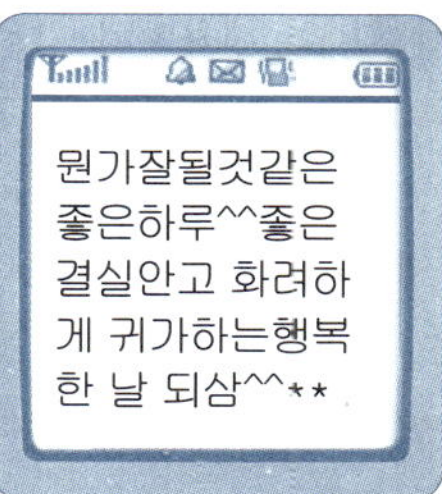

팀원들이 하루를 멋지게 보내도록 만드는 감동의 격려문자

- ○○씨! 우리에게 주어진 유일한 선물 오늘! 오늘도 최선 다하는 멋진 하루되세요!!!
- 좋은 아침입니다. 오늘도 우리 즐겁게 일하면서 기쁨만 생솟게 만들어 봅시다^^
- 오늘 하루 인생에 다시 오지 않는 소중한 날! 우리 멋지게 출발합시다 ^^*
- 오늘은 이 세상에서 자신을 가장 귀히 여기고 사랑하는 멋진 하루 만들어봅시다^^
- ○○씨! 오늘 ○○씨만의 멋진 매력(능력) 보여줘 존경의 시선 모이도록 만들어보세요^?^
- 오늘 ○○씨가 하는 일에 충분한 결과가 주어지는 기쁜 날 되삼^^
- 오늘 하루 희망의 미소로 열어 저녁 노을질 땐 행복의 꽃나무 피어나길 기대함당^^

- 뭔가 잘될 것 같은 좋은 하루임당. 좋은 결실안고 화려하게 귀가하는 행복한 날 되삼^^

- ○○씨! 오늘~좋은 성과 꼭 일궈 기쁨과 행복만땅되는 날 되길 바래요. 파이팅!!^^*

- 참 좋은 날씨입니다. 좋은 생각으로 좋은 일 마니 거두는 기분 좋은 날 되삼^^*

- 오늘 하루 ○○씨가 하는 일 알찬 열매맺는 기쁜 하루되길… 아자!^^

- 오늘도 매끈하게 일처리하고 화끈하게 마무리하는 따끈한 하루되삼^^

- ○○씨! 아침엔 미소~낮엔 활기찬 열정~저녁엔 편안한 마음으로 귀가하는 하루되삼^^

- 오늘 하루 내내 기쁨에 젖어 행복한 마음만 깃드는 깔끔한 날 되삼^^*○○씨! 홧팅^^

- 오늘 우리 함께 밝고 즐거운 사무실 분위기 만듭시다. 파이팅 아자!!

- 오늘 하루~○○씨에게 기쁜 날 되도록 상쾌하고 활기차게 시작하삼! 아자!!!^^*

- ○○씨. 방그리^-^ 불쾌지수는 다운 행복지수는 업시키시는 행복한 하루되삼^*^

- 즐겁게 사는 것이 성공인생 비결! 즐겁게 일하며 좋은 성과 거두는 멋진 하루되삼^^

- 설렘으로 시작한 아침, 기쁨으로 마감하는 알찬 하루되삼. 파이팅!!! ^^**

- 상쾌한 아침입니다. 오늘 내내 상쾌 유쾌 통쾌한 일들만 생기도록 합시당^^아자~!^^

- 오늘은 기분 좋은 일만, 기쁜 소식만 들려 사무실에 웃음꽃 피게 합시다. 파이팅!!^^

요일별로 팀원들에게 띄우는 감동의 멋진 격려문자

- 월요일입니다. 다른 날보다 월등히 하시는 일 잘되는 기쁜 하루되삼.
- 월등하게 나은 날이 되게 하는 월요일, 한 주 시작 멋진 성과 기대합니다.
- 새로이 시작된 한 주가 가장 소중하고 보람된 한 주 되길 바랍니다. 파이팅합시다^^*
- 꿈과 희망이 가득한 한 주의 첫 아침 월요일! 즐거운 한 주 열어가삼^^*
- 화요일, 오늘 하는 일마다 화끈하게 처리해 매끈하게 잘 마무리하는 좋은 날 되삼.
- 화끈하게 일하는 화요일! 하는 일마다 화끈하게 잘 처리하는 기분 좋은 날 되삼^^
- 하는 일마다 수월하게 다 이뤄지는 수요일! ○○씨가 하는 일들 모두 잘 되삼^^
- 수고한 만큼 대가 받는 수요일! 우리 함께 열심히 해 좋은 성과 거둡시다!!!
- 수요일은 일의 수법 느는 날! 효율적인 일처리로 더 알찬 결실 거둡시다.
- 목표한 대로 되는 목요일! 오늘 ○○씨 하는 일 모두 OK사인 받도록 해봐요^^ 파이팅!!
- 오늘은 ○○씨 목청이 보이도록 웃는 날!! 좋은 분위기 속에 좋은 하루 보냅시다^^
- 금쪽같이 귀한 시간 쪼개 보내는 금요일! 황금빛으로 물드는 멋진 하루 되게 합시다~
- 금세 한 일 꼼꼼히 다시 살펴보는 금요일! 마무리 멋지거 하고 화려하게 귀가하삼^^
- 금값이 되는 금요일! 그간 닦은 실력 마음껏 발휘해 좋은 성과 이뤄봅시다. 파이팅!!!

❷ 영업리더가 세일즈맨에게 보내는 멋진 감동의 격려문자

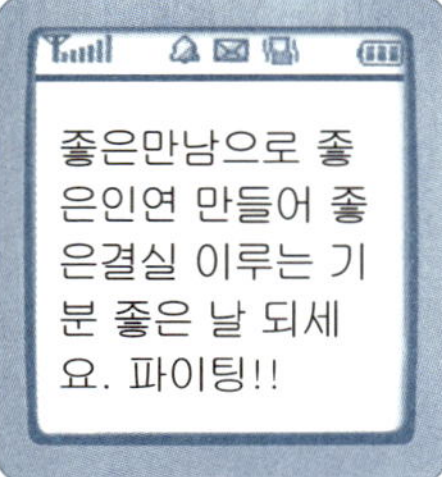

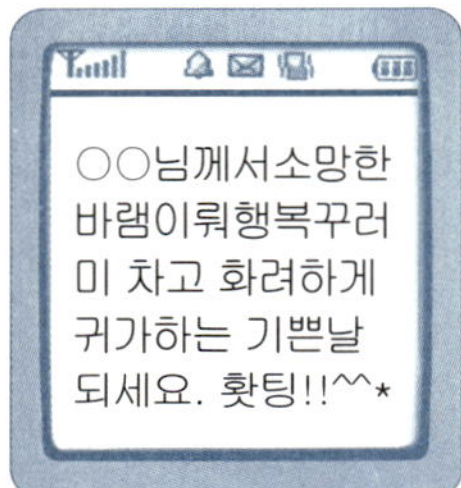

일상적으로 영업사원에게 보내는 멋진 감동의 격려문자

- ○○님!!좋은 만남 좋은 인연으로 좋은 결실 거두는 좋은 날 되세요. 아
  셨죠^?^파이팅!!
- ○○님의 열심히 일하시는 모습이 멋지고 자랑스럽고 존경스럽습니다!!
  홧팅!!♥^^
- 소망한 일 모두 이뤄 행복꾸러미 차고 화려하게 귀가하는 기쁜 날 되삼
  ^^ 파이팅!!
- ○○님! 오늘 하루 내내 좋은 일들만 생겨 알뜰한 결실 맺는 기쁜 날 되
  세요^^
- 아침부터 열심히 힘차게 출발합시당. 파이팅!!! 오늘도 꼭 승리하세요.
  으랏차!!!^^*
- ○○님이 맡으신 일 너끈히 잘해 화끈하게 잘 마무리하시리라 믿습니다
  ~ㅎ 홧팅^^*
- ○○님께 오늘 내내 울화통은 절대금지. 오로지 운수대통만 있길 바랍

니당. 아자^^

📟 매일 반복되는 일로 지치고 힘들고 나른하시죠^?^ 힘내세요~홧팅임당!

📟 ○○님! 오늘도 파이팅입니다 ~!아자!^^ 힘내시고 멋진 모습 보여주세요(^^~)

📟 ○○님!!힘 내세옷~!^^고지가 바로 저긴데 여기서 말 수는 없잖아요^?^ 아자자! 홧팅^^

📟 오늘 좋은 일들만 마니 생기라고 제가 기운 전해줄게오. 아자→파이팅!!!^^*

📟 impossible→I'm possible! 생각 바꾸면 불가능도 모두 가능!!! 파이팅^^*

📟 으쌰~으쌰~○○님! 오늘도 기운내야겠죠^?^ 힘차게 출발하세요^^ 파이팅!!!

📟 ○○님의 꿈을 위해 오늘도 즐겁고 신나는~♬ 하루 만드세요.아셨죠^?^

📟 초심 잃지 말고 뒷심 발휘해 좋은 성과 거두는 기쁜 하루되삼^^ 아자자~

📟 ○○님에게 짜증은 몽땅 가고 웃음만 가득한 날 되세요. 휙~휙~^^* 힘내세요. 홧팅!!

📟 일할 때 걸림돌 있더라도 오뚝이처럼 벌떡 일어서 힘차게 나가는 하루되삼. 꾸벅^^

📟 희망품고 오신 지점(소속 근무처 이름 명시), 기쁨안고 귀소하는 멋진 하루되길 소망(기도)합니다. 파이팅!!^^

📟 오늘은 ○○님께 꼭 기분 좋은 일이 생길 겁니다. 기쁜 소식안기는 멋진 하루되세요^^

📟 ○○님! 안녕하세요? 오늘 하루 꿈꾼 일 잘 이뤄지라고 파이팅!! 내려놓고 갑니다^^*

📟 ○○님! 오늘도 힘차게 출발하세요^-^ 아자아자!^^ 좋은 소식 기다릴게요^^*

📟 가슴에 열정을 품은 용기있는 사람만이 성공을 쟁취할 수 있답니다! 파이팅임당^^

- 오늘도 목표 향해 힘차게 고고~싱입니당ㅎㅎ^^★ 좋은 하루되세요. 파이팅!! ^0^♬
- ○○님 열심히 하시는 모습이 정말 멋있어요. 조금만 힘내세요!! 아자~^^
- 이번 달 정말 수고 많으셨어요^^★★ 앞으로도 좋은 모습 꼭 보여주세요. 파이팅!!^^~
- 오늘 만나는 사람들에게 희망의 밀어 쏟아 기쁨 담아오는 행복한 날 되세요^^ 파이팅!!
- 헛둘헛둘!^^ 지금까지 쏟은 노력~헛되지 않게 마무리 잘하세요! 화이팅!!^^
- 오늘 ○○님께 좋은 일 마니 생기라고 행운의 마음 보내드립니다^^★ 파이팅^^
- 오늘은 ○○님에게 좋은 일이 생길 겁니다. 꼭 그리하셔야 함당^?^ 파이팅!!!^^
- ○○님의 마음에 희망의 용기 심어 기쁜 축복 만드는 멋진 하루되셈^^ 홧팅요!!!^^
- 오늘 ○○님께 좋은 일 마니 생겨 행복하시라고 행복바이러스 보내드립니다^^★ 파이팅^^
- 오늘 만나는 고객분들!! ○○님의 고운 미소에 덩달아 기분 업되는 기쁜 날 되세요^^

요일별로 영업사원에게 보내는 감동의 멋진 격려문자

- 새로 맞이한 한 주! 다른 날보다 월등히 잘 풀리는 좋은 하루되세요. 아자^^
- 오늘은 월등히 잘하는 날^^★ 주초 시작부터 좋은 성과거두는 기쁜날 만드삼^^ 홧팅!!!
- 월계관 쓰는 월요일! 오늘 하루는 ○○님이 그 주인공입니다. 파이팅입당!

- 월요일은 승리의 월계관 쓰는 날! 좋은 성과 꼭~거둬 오늘의 주인공 되세요^^

- 화사하게 웃는 화요일! 화사한 웃음으로 화끈하게 일 처리하는 화통한 날 되삼^^

- 화요일은 고객이 화내도 화내지 않고 웃는 날! 미소로 웃음꽃 담는 좋은 날 되셈^^

- 남이 화를 내도 화사한 웃음으로 맞는 날, 거절당해도 미소로 날려 보내세요^^

- 화나도 발끈 않고 질끈 눈감아 화끈하게 보내는 매끈한 화요일 되세요^^

- 수요일은 고객위해 수건 되는 날! 고객에게 힘이 되는 멋진 ○○님 되삼.

- 오늘은 수지맞는 날! 하는 일마다 좋은 결실 맺어 수지맞는 기쁜 날 되세요^^★

- 수고의 대가가 주어지는 수요일! 좋은 결실 이루는 멋진 하루되세요. 파이팅!!!

- 수요일은 고객이 수긍하면서 OK사인을 보내는 날입니다. 멋진 성공 이루세요.

- 어딜 가도 고객이 수두룩한 수요일, 아침부터 파이팅하며 필드로 출발합시당^^★

- 목젖보이도록 웃는 일만 생기는 목요일! 오늘 하루~기쁜 일만 가득하세요★^★

- 목표가 이뤄지는 목요일! 그간 뿌린 씨앗 꼭 거두는 소중한 하루되세요.

- 목요일은 목마른 고객들에게 단비 선사하는 날. ○○님. 꼭 우리 ○○(회사 또는 영업점포 이름 명시)의 레인메이커 되세요^^

- 목요일은 목 좋은 곳에서 고객 만나는 날! 좋은 시장 발굴해 좋은 성과 거두세요^^

- 금맥이 나오는 금요일! 오늘 좋은 고객분 만나 금맥찾는 기쁜 하루되세요. 홧팅!!!

🔲 금방 웃고 또 웃는 날 금요일~좋은 결실 거두셔서 행복한 주말 맞으세요. 방긋^^

🔲 금방 만난 고객에게 계약 체결하는 금요일! 좋은 결실 거두는 멋진 하루 되세요^^**

🔲 금송아지를 몰고 오는 금요일! 멋진 수확 거두시는 기분 만땅의 날 되세요^^ 아자!!!

⊙ 아포리즘을 활용해 조직원에게 띄우는 멋진 격려의 감동문자

　사람들이 존경하고 신뢰하는 사람은 성현이나 선지자 그리고 해당 방면에서 뚜렷한 족적을 남긴 선구자와 성공인, 많은 사람들에게 회자되는 유명인과 스타들일 것이다. 그래서 이러한 위대하고 저명한 사람들이 한 말은 곧바로 그를 접하는 사람들의 귀감과 좌우명이 되는 경우가 많을 정도로 그 영향력이 매우 크다.

　따라서 조직원들이 가장 신뢰하고 좋은 반응을 보이며 일의 시너지 효과를 더 많이 가져오게 만드는 것은 바로 주옥같은 명언으로 꾸민 아포리즘을 문자메시지의 틀에 담아 띄워 보내는 것이다.

　다음과 같이 아포리즘을 활용한 감동의 격려문자를 사용할 때에는 해당되는 아포리즘 끝자락의 마무리 격려의 글을 조직원들의 성향에 맞춰 다자인하면 더 좋은 효과를 가져올 것이다(다음 마므리 격려글은 개개인이 아닌 모든 조직원에게 동보전송하는 문자 글귀로 만들었다).

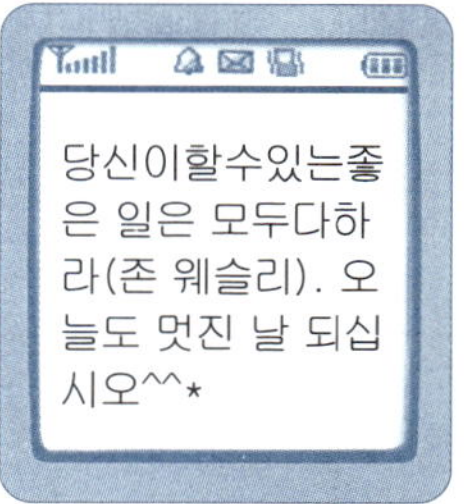

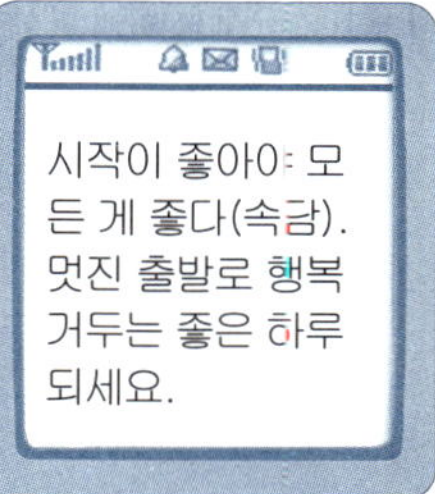

꿈을 찾고 꿈 향해 길을 걸어가는 것도 자신이다(토마스 바샵). 좋은 하루 만드세요.

당신이 할 수 있는 좋은 일은 모두 다하라(존 웨슬리). 가장 멋진 날 만드십시오.

오늘에 정성을 쏟아라(토머스 칼라일). 오늘 하루 가장 멋지고 귀한 날 되기 바랍니다.

과거는 필요없다. 오직 오늘 이 순간뿐(콘라드 힐튼). 멋진 하루 만드는 날 됩시다.

지혜로운 사람은 시간을 잘 활용한다(앤 랜더스). 좋은 결실맺는 하루되길 바랍니다.

오늘을 사랑하라. 오늘 안에 내일의 인생이 있다(토머스 칼라일). 좋은 하루 보내세요.

새롭게 맞이한 희망찬 하루, 어제보다 행복한 멋진 오늘이 되길 바랍니다.

즐거움을 마음껏 즐겨라(메다드 라즈). 일을 즐기면서 하는 기분 좋은 하루되십시오.

오늘 하루 내일 향한 성공씨앗 움트게 하는 소중한 지렛대로 만들길 바랍니다.

시간은 인생 그 자체다(피터 드러커). 시간이 금이 되는 소중한 날 되길 바랍니다.

행복과 성공은 모두 시간의 사용에 달려 있다(노먼 빈센트 필). 귀한 날 만드십시오.

나는 지금 이 순간 가장 큰 행복을 느낀다(괴테). 오늘을 가장 행복하게 보내십시오.

오늘 할 수 있는 일을 내일까지 미루지 마라(체스터필드). 좋은 하루되길 바랍니다.

시작이 좋아야 모든 게 좋다(속담). 멋진 출발로 행복거두는 하루되길 바랍니다.

- 모든 것의 좋은 출발은 웃음에서 비롯된다(지그지글러). 미소짓는 날 되십시오.

- 영원히 살 것처럼 꿈꾸고 내일 죽을 것처럼 오늘을 살라(제임스딘). 멋진 하루되세요.

- 사람을 알려면 그의 지갑, 취미, 불평을 보라(탈무드). 즐거운 하루 만들길 바랍니다.

- 인생은 한 권의 책과 같다(모리악). 오늘도 최선 다하는 기쁜 하루되길 바랍니다.

- 매일매일의 better가 지연되는 best보다 낫다(격언). 최선 다하는 멋진 하루되십시오.

- 기쁜 마음속엔 슬픔이 자라지 못한다(채근담). 멋진 하루 열어가길 바랍니다.

- 웃음은 마음의 가장 좋은 치료제다(칼 조세프). 웃으며 일하는 좋은 하루되십시오^^

- 웃음이란 묘약을 매일 사용하면 운명이 바뀐다(링컨). 웃음짓는 좋은 하루되십시오^^

- 사람은 웃을 때 가장 아름답다(칼 조세프). 웃음꽃 피우는 아름다운 하루되십시오^-^

- 근무시간에 웃지 않으면 낭비한 시간이 된다(세바스티안). 웃음짓는 하루되십시오^^*

09

이사(개업), 승진, 수상 축하인사용

멋진 감동문자메시지

승진(영전), 당선, 영업·업적·실적 수상, 각종 대회, 시합우승 때 보내는 축하인사문
자는 받는 이의 기분을 한층 돋워줘 두고두고 그 감동글귀를 맛보고 싶게 하여 서로
신뢰의 싹이 움트게 해준다.

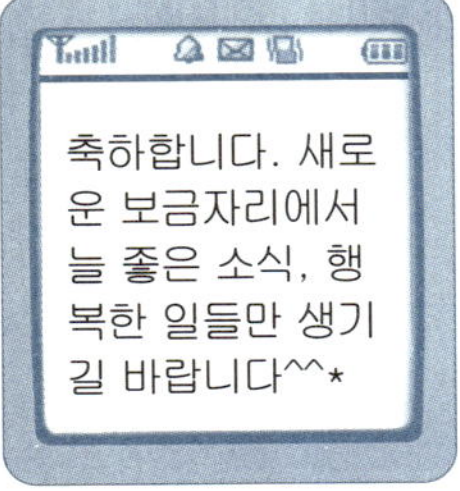

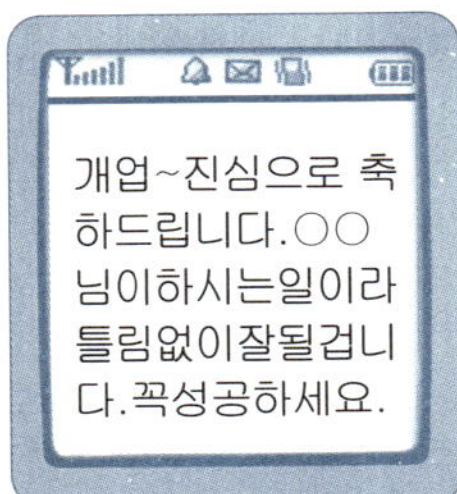

이사(주택마련)시 축하인사문자 명품글귀

- 입택을 진심으로 축하합니다. 좋은 보금자리에서 더욱 건강하시고 부자
  되세요^^
- 이사 축하드립니다. 앞으로 인생 여정에 늘 홍복만 이어지길 기도합니다.
- 입택을 진심으로 축하합니다. 이 세상에서 가장 행복한 보금자리 되시
  길 바랍니다^^
- 멋진 집으로의 이사~축하합니다♬ 최고로 행복한 보금자리 만드시길
  바랍니다^^~
- 입택 축하합니다. 오늘부터 새 보금자리에 행운의 여신이 늘 홍복만 주
  실 겁니다^^
- 축하합니다. 새로운 보금자리에서 늘 좋은 소식, 기쁜 일들만 생기길 바
  랍니다.
- 단독주택 마련하셨다고요? 정말 축하드립니다. 모든 홍복 누리길 기원
  합니다^^★

🖳 새로운 집으로 이사하신 것 진심으로 축하드립니다. 꼭 부자되세요^$^

🖳 입주! 진심으로 축하드립니다. 앞으로 좋은 일들만 생겨 홍복 누리길 바랍니다.

🖳 기다리던 새집 마련 축하드립니다. 앞으로 더 많은 좋은 소식 들리길 기도합니다.

🖳 새로운 보금자리 마련~진심으로 축하드려요. 앞으로 더 부자되시고 건강하세요^^

🖳 새집으로의 이사 정말 축하합니다. 넓은 새집에 돈다발 가득하도록 부자되세요^^

🖳 축하합니다. 새로 마련한 집에 행운과 축복의 서광만 가득 깃들길 바랍니다^^

🖳 새집 마련을 축하합니다. 홍복만 깃들어 행복한 가정 이루세요^^*

🖳 제일 길일인 오늘 이사하신다고요. 축하합니다. 앞으로 새집에서 홍복 누리시길.

🖳 좋은 날씨(길일)에 이사하시는 홍복을 받았네요. 축하해요. 꼭 부자되세요^^

🖳 드디어 이사하셨군요. 축하합니다. 새집에서 새 기분으로 홍복만 누리길 바랍니다^^

🖳 새 보금자리로 입주하심을 축하하며 가정의 건강과 홍복을 기원합니다.

🖳 입택 축하드립니다. 앞으로 이 세상에서 제일 아름다운 집 가꾸고 부자되십시오^^*

🖳 입택 축하합니다. 앞으로 좋은 일만 생겨 늘 행복웃음 꽃 피는 가정되시길 바랍니다.

🖳 새집 이사 축하해요. 새집에서 더 기쁘고 즐겁고 행복한 생활만 하길 바랄게요~^^

🖳 새 보금자리에서 누구나 부러워하는 멋지고 행복한 가정을 이루세요^^* 축하합니다.

- 새집 마련 축하합니다. 그간의 땀방울이 보석으로 영글어 집안 가득 쌓이길 바래요^^

- 새집 마련 축하해요^^오늘의 기쁨이 새 보금자리에서 늘 홍복으로 이어지길 바랍니다.

- 보금자리로 입주하심을 진심으로 축하합니다. 더 큰 홍복을 기원합니다.

- 새로운 보금자리 축하합니다. 누구나 부러워하는 화목한 가정 이루길 바랍니다.

- 입택! 진심으로 축하드립니다. 앞으로 좋은 일 많이 생겨 부자되세요(행복만 가득하세요)^^★

개업시 축하인사문자 명품글귀

- 개업 축하드립니다. 목도 좋고 ○○님은 더 좋은 분이라 틀림없이 번창할 겁니다^^

- 정말 축하드립니다. 새로 시작한 사업~반드시 성공하시길 기도할게요. 파이팅!

- 개점하신다고요? 정말 축하합니다. 사업이 날로 번창하시어 홍복만 누리길 빕니다.

- 진심으로 축하드립니다. ○○님이 하시는 일이라 틀림없이 잘될 겁니다. 성공하세요^^

- 정말 축하드립니다. ○○님은 반드시 성공하실 겁니다. 꼭 그리되도록 기도할게요.

- ○○님! 진심으로 축하드립니다. 하시는 사업 날로 번창하시길 기원합니다^^

- 개업 축하합니다♬ ○○님이 엄청 부자되는 그날까지 쭈욱~번창하시길 바랍니다^^★

○○님! 축하합니다. 그간 흘리신 땀들이 보석으로 영글어 홍복 누리길 바랍니다^^

개업 축하합니다. 앞으로 모든 일이 ○○님 소망하고 뜻하는 대로 잘되길 기도합니다.

축하합니다. 새 점포와 ○○님께 행운과 축복만 가득 깃들길 바랍니다. 성공하세요^^

개업 축하드립니다. 뜻한 대로 모두 성취되어 늘 행복한 웃음꽃만 피우길 바랍니다.

개업 축하해요. 구상하신 일이 모두 알찬 결실을 맺어 꼭 부자되길 바랍니다.

축하합니다. ○○님 점포엔 행운의 여신만 입장하여 축복만 선사해주길 기도합니다.

○○님! 개업 축하드려요. 오늘의 기쁨과 희망이 좋은 결실 맺어 부자되시길 바랍니다.

진심으로 축하합니다. 앞으로 ○○님의 사업이 번창해 늘 홍복만 누리길 바랍니다.

❷ 승진(영전), 당선 때 보내는 감동의 축하문자

축하 공통 문자 글귀

① 진심으로 (축하) 축하드립니다(축하합니다). ② 진심으로 추카추카 드립니다~! ③ 정말 축하합니다. ④ 축하 인사드립니다. ⑤ 축하드려요. ⑥ 축하해. ⑦ 축하축하해요. ⑧ 축 축 축 하! ⑨ 축하~축하 드립(합)니다. ⑩ 축하♪ 축하~합니다♬ 짝짝짝

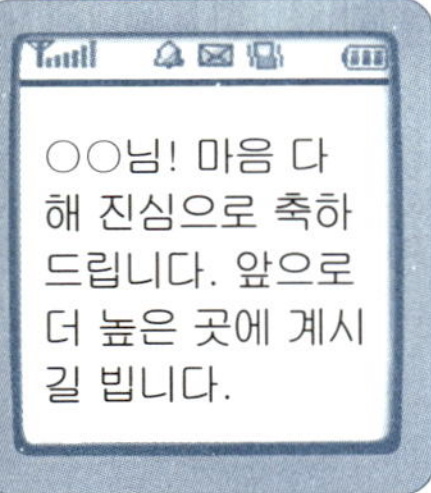

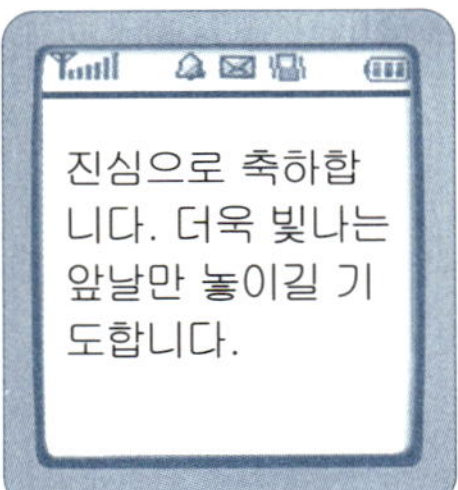

- ○○님! 승진(당선 등) 축하(추카추카)합니다. 더욱 멋진 모습 보여주세요. 파이팅!^^
- 승진 소식 들으니 기분이 날아갈 듯 좋습니다^^* 정말 축하드립니다.
- ○○하신 것을 진심으로 축하드립니다. 늘 오늘 같은 기쁨만 있으시기 바랍니다.
- ○○님 멋져요^^& 꼭 되실 줄 알았어요^6^ 축하합니다. 계속 파이팅요~
- 제가 승진한 것같이 정말 기쁘네요. 기쁜 마음으로 축하드립니다~

- 축하드립니다. 늘 모든 일에 최선을 다하시는 ○○님, 존경합니다^^
- 제게 정말 반갑고 가장 기쁜 소식 전해주셨네요^^ 정말 축하합니다.
- ^^축하드려요! 전 ○○님이 당연히 승진할(당선될) 줄 알았어요^^
- 자랑스럽고 멋진 ○○님! 정말 훌륭해요^^★ ○○(승진, 당선, 영전 등 명시)~축하~드립니다.
- 정말 훌륭해요. 이젠 마음고생하지 마시고 기쁜 일만 생기길 바래요!♥
- ○○님! 축하드립니다. 앞으로도 계속 좋은 소식만 주렁주렁 있길 바랍니다^^
- ♬신난다~^^○○님의 승진(당선)이 제 일보다 더 기쁩니다. 축하~드립니다.
- ○○님 ○○로 승진하신 것 축하드려요~언제나 일인자다운 멋진 모습 보여주세요^^★
- ○○님! 추카추카~추카합니당ㅋㅋ 앞날에 늘 행복한 口·음만 깃들기 바랍니다.
- 오늘 경사났네요^^ 축하드립니다. 앞으로도 쭉~ 승승장·구만 하셔야 합니당^^

- 오늘은 꼭 제가 승진한 기분이 드네요ㅎㅎ ○○님 진심으로 축하드립니다. 언제나 좋은 소식만 주세요^^ 오늘 최고로 기분 좋은 날 보내시고요~
- ○○님! 그동안 수고하셨습니다! 정말 정말 축하드립니ㄱ! 앞으로도 늘 좋은 소식만 들리길 기원합니다.

⊙ 영업, 업적, 실적 수상 때 보내는 감동의 축하문자

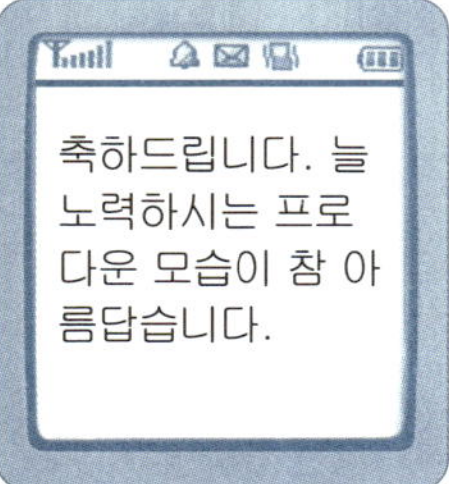

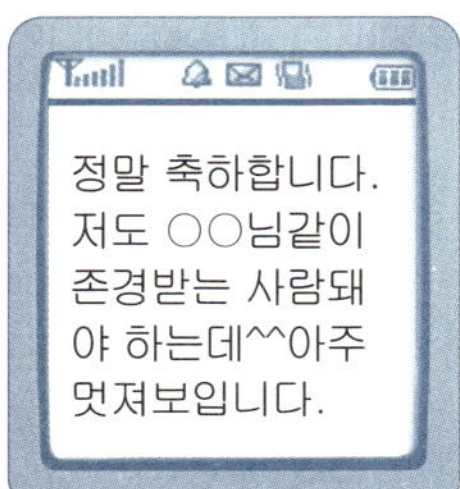

- 귀한 땀 흘린 만큼 값진 성과 이룬 ○○님의 열정! 아름답습니다. 축하해요^^★

- 땀의 흔적을 보석으로 만드신 ○○님! 축하드립니다. 최고로 기쁜 날 만드세요.

- 진심 어린 갈채를 보내드립니다! 추카추카 파이팅!

- 축하함당^^ 정말 멋져 보입니다. 그 자리 오래오래 간직하세요^^

- 짝짝짝♬~축하합니당! 저도 ○○님과 같이 멋진 사람되고 시포요^^ ○○님 최고!

- 진심으로 축하드리며 즐거운 마음으로 힘찬 박수 보냅니다. 멋지십니다^^

- ○○님! ○○수상 진심으로 축하드립니다! 뜨거운 갈채 보냅니다^^★

- 정말 수고하셨습니다. 앞으로도 계속 챔피언으로 남아주세요^^파이팅!

- ○○님! 완전 짱이에요. 정말 멋있어요.ㅋㅋ 축하합니다.

- 추카추카! 감사감사! 챔피언되신 ○○님께 존경의 박수~보냅니다. 짝짝짝★&★

- 추카추카합니다. 수고하셨고 감사드립니다. ○○님 최고!^^자랑스러워요!

📧 ○○님~ 정말 대단합니다. 축하드립니다. 꼭 제 일같이 무척 기쁩니다.

📧 ○○님! 무지 캠 왕 축하드려요^^*~오늘 정말 멋지십니다.

📧 ○○님. 그 힘든 속에서 이룬 오늘의 챔피언~정말 대단합니다. 존경합니다. 축하축하!

📧 ○○님! 짱ㅋㅋ~축하박수 뜨겁게 보내드립니다. 계속 멋진 모습 보여주세요.

📧 어쩜 이리도 멋지세요. ○○님이 상 타실 줄 알았어요. 베리베리굿^^* 추카추카합니다.

📧 ○○님 축하합니다. ○○님은 제 희망인 거 아시죠?! 사랑해영! ><^^*! 파이팅!

📧 ○○님의 챔피언 등극에 무한한 박수를 보냅니다~축하드립니다!

📧 ○○님! 최고~! 오늘은 ○○님이 가장 아름답습니다~!^^** 축하만땅으로 보냅니다.

📧 도전은 아름답다! ○○님~최고최고! 정말 자랑스러워요^0^ 축하합니다.

📧 ○○님은 우리 희망을 쏘았습니다^^* 축하해요. 저도 ○○님처럼 되도록 노력할게요^^

📧 ○○님 아름다운 모습처럼 ○○(하는 일 명시)에서도 꽃을 활짝 피우셨네요^^축하합니다.

📧 멋있다! ○○님 정말 멋있어요^^ 정상에 선 그 당당한 아름다움이~축하합니다.

📧 축하드립니다. 저도 ○○님을 본받고 싶은 마음이ㄷㄷㄷ^^*

📧 챔피언(시상대)에 오르신 모습! 넘 멋있었습니다!!^^* 진심으로 축하드립니다.

📧 ○○님! 정말 대단해요!^^진심으로 축하드립니다. 멋지십니다.

📧 ○○님은 완소남(녀)입니다아ㅋㅎ 축하드립니다. 정말 멋지십니다!>_<

📧 축하드립니다. 다음 달에도 열심히 하세요~파이팅!♥♥♥

📧 ○○팀장님(직급 또는 신분 호칭 사용) 최고! 축하드립니다~^●^

🖳 ○○님! 축하드립니다. 우리 회사(지점, 팀 등 명시) 빛나게 해주셔서ㅈㅈ
~'ㅡ'~♬

🖳 ○○님! 완전 짱입니다^^무척 자랑스러워요^o^♬ ㅊㅋㅊㅋ

🖳 ○○님! 축하합니다. 킹왕짱^^ 최고입니다. 앞으로도 파이팅! 으쌰으쌰
~아자아자^^~

🖳 ○○님은 우리의 자랑입니다~정말 멋지십니다. 축하드립니다.

🖳 ○○님! 오늘 정말 멋져 보입니다! 축하드립니다. 앞으로 더 멋진 모습
보여주세요~!

🖳 그동안 흘리신 고귀한 땀의 결실~드디어 보시는군요+축하합니다.

🖳 ○○님! 굿입니다. ○○수상 진심으로 축하드립니다. 앞으로도 꼭꼭 부
탁드릴게여^^~

🖳 노력하신 만큼 아름다운 열매가 맺혔네요^^ 진심으로 축하드립니다,

🖳 진심으로 축하드립니다. 행복의 여울짐 속에 더 높은 비상 있으시길 기
원합니다.

🖳 정말 축하합니다. 앞으로 일취월장하시길 바랍니다. 오늘은 더 행복하
시고요^0^

MMS용 문자메시지 명품글귀

🖳 ○○님이 흘린 땀이 보석이 되어 빛나는 너무도 기쁜 오늘입니다. 마니
마니 축하드려요^^ 행복만땅의 시간 보내세요^^

🖳 ○○님! 그동안의 노력이 결실을 맺었네요^^!! 영광스러운 ○○수상 정
말 축하해요^0^ 최고로 행복한 오늘 되세요.

❯ 각종 대회, 시합우승 때 보내는 감동의 축하문자

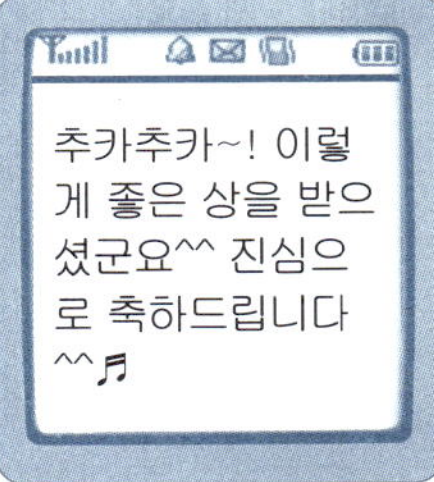

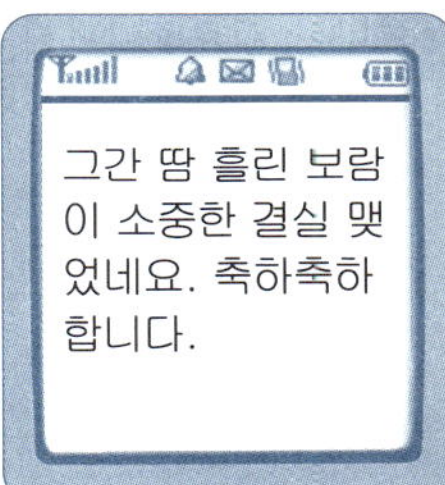

- 귀한 수상~진심으로 감축드립니다! 오늘 최고의 기쁨 누리는 날 되세요^^
- 그간 힘든 과정 견디고 큰 상 받으심을 진심으로 축하합니다. 더욱 승승
  장구하시길.
- 축하드립니다! 제게 활력과 기쁨을 주시니 어찌나 감사한지 몰라요^^
- 진심으로 축하드립니다^^ 참으로 큰일 해내셨습니다. 정말 자랑스럽습
  니다.
- 큰 상을 타셨습니다. 진심으로 축하드립니다. 넘~멋지십니다^^파이팅^^
- 축하드립니다. ○○님의 끝없는 도전이 정말 아름답습니다^^★
- 우리 가문(집안, 학교, 회사, 지점 등 머문 일터 또는 모임 명시)에 경사났네요
  ^^ 축하드립니다.
- ○○야! 넌 우리의 희망! 정말 최고 멋진 친구다~! 알쥐?! 챔피언 고고
  싱♥^^
- 오늘 넘 멋졌어요! 다음에도 꼬~옥 이겨주세요^-^ 파이팅~~! 빠샤~♫
- ○○님의 ○○수상 기쁜 마음으로 축하드립니다~진심 어린 갈채 보냅
  니다!

- ○○의 우승 낭보에 내 가슴이 열광으로 뛰는구나!^^축하한다. 계속 파이팅!

- 너무 멋져~○○○야! 당신(너)~최고!^^ 내 가장 멋진 친구다. 무척 자랑스럽다.

- 정말 멋진 경기~멋진 감동의 우승입니다! 짝짝짝~축하만땅으로 보냅니다^^

- ○○야~자랑스럽다^^~고생한 보람 꿀맛으로 찾아오는구나~정말 축하한다.

- 짱짱짱♬ 축하해용^^오늘 넘 멋졌어요. 앞으로도 더욱더 파이팅^-~

- 정말 자랑스럽다! 내 아들(딸)아~괜스레 눈물이 난다ㅠㅠ 축하한다. 사랑해.

- ○○님은 영원한 승자가 될 겁니다~축하합니다~^^언제나 파이팅요^^

- 진정한 챔피언입니다~!수고하셨습니다ㅜ.ㅜ 축하 마니마니 합니다.

- 정말 넘~넘 감동의 물결~*^^* 우승 축하해요. 짝~짝~짝~!!! ㅉㅉ

- 정말 멋져요. 시상대에 선 모습도 멋지고 오늘 경기 정말 잘했어요. 계속 파이팅~*^^*

- 오늘 정말 잘하셨어요~멋쟁이♥ 축하합니다. ☆FIGHTING★

- 정말 감동입니다>< 짠짠짠~!!!! 앞으로도 더 좋은 결과 기대할게요. 파이팅!

- 와이래좋노~♬ ○○야 축하 만땅으로 보낸다^^* 자랑스럽다, 파이팅!!

- ○○님의 경기모습~잘 봤습니다ㅋㅋ 정말 멋져요. 우승 축하드려요~

- 멋지다~~~~정말 자랑스럽다~오늘같이 네가 멋져 보인 적이 없다^^* 축하한다.

- 경기하는 멋진 모습에 감동했습니다. 축하하고~계속~파이팅하세요^^*

- 오늘 정말 멋졌어요^^* 가슴이 뭉클합니다. 추카추카~파이팅!

- 오늘~정말 멋졌어여. 수고하셨어여. 이젠 편히 쉬세염^^

- 오늘 정말 멋지다~넘 자랑스러워~계속 파이팅! 고고싱^^!!

- ○○야! 오늘 정말 멋지다~너무너무 자랑스럽구나~축하 또 축하한다.
- ○○야! 장하다. 우리나라에서 최고로 훌륭한(빛나는) 선수가 되길 바래! ^ㅂ^ 파이팅~
- 고귀한 땀의 결실로 이룬 자랑스러운 우승! 정말 축하해요.
- 와우! 왜게 멋지심까?!^^ㅊㅋㅊㅋ함당!!! 앞으로도 이렇게 쭉쭉!! 최고예요~♥
- 오늘 넘~멋졌어영!! 정말 ㅅㄱ 마니마니 하셨어요. 추카해용! 홧팅요^^*
- ○○선수님^^ 멋있어요! 정말 자랑스러워요. 감동~감동 추카추카^^**
- 친구야! 네가 정말 자랑스러워서 못 참겠다^^~축하만땅으로 보낸다ㅎㅎ
- ○○야 ! 짝짝~짝♬~너 정말 멋지다. 최고야!! 계속 파이팅!!>_<♥
- ○○야! 수고 마니 했어. 너 오늘 참 멋지다^^* 축하해. 파이팅*^-^*~!♡
- 꿈★은 이루어졌다^^장하다. 내 아들(딸)아! 사랑한다. 파이팅!
- ○○야! 너 정말 오늘 킹왕짱!! ㅋㅋㅋ♡ 진짜 멋있어!!>_< 파이팅^○^
- 울 자기⌒▽⌒γ 최고>_< 넘 잘했어. 축하해. 앞으로도 고고싱이야^^
- ○○야! 축하한다. 난 네가 충분히 우승할 줄 알았어. 정말 기쁘다^^**
- ○○야! 추카추카. 그간 고생한 보람이 있구나. 장하다. 내 아들(딸)아! 사랑한다.

아깝게 우승을 놓쳤을 때 띄우는 위로문자

- 낙담하지 말고 힘내세요! 그 열정이 자랑스럽고 멋집니다! 이제 시작입니다! 파이팅~
- 정말 열심히 잘 싸웠어요^^ 다음엔 꼭 우승할 겁니다. 다시 힘내시고~파이팅!!
- 최선을 다하는 당신이 아름답습니다. 조만간 좋은 결과 있을 겁니다♥ 아자아자~!

🖳 ○○야! 정말 멋지다. 오늘 잘 싸웠어~ 힘내. 반드시 우승할 거야. 아자 아자!!^^

🖳 최선 다하는 모습에 넘~감동받았습니다~힘내세요! 늘 열심히 응원할게요! 파이팅!

🖳 오늘 정말 잘했어요. 메달 못 땄다고 좌절하지 마시고~~파이팅! 늘~응원할게요.

🖳 ○○야! 최선 다하는 네 모습이 더 멋지게 보여~반드시 최고 될 거야! 파이팅!

🖳 ○○야! 정말 수고 많이 했어! 다음엔 반드시 승리할 거야. 힘내! 아자~ 빠샤~

🖳 ○○야! 오늘 잘했어!! 낙심하지 말고 힘내 목표를 향해 고고싱~ 알았지?

🖳 고생 마니 했는데 안타깝네ㅠㅠ 그래도 넌 챔피언이야~! 아자아자 파이팅!!!

🖳 끝까지 열심히 하는 모습이 넘!~멋있었어^^ 수고했어. 다음엔 꼭 이길 거야. 파이팅!

🖳 우승 아쉽지만 정말 수고했어~네가 흘린 땀방울 반드시 금메달로 돌아올 거야~파이팅!

🖳 진짜 잘했어!! 결과는 아쉽지만 그래도 최선을 다한 네 모습이 아름답다. 파이팅!

10

아름다운 사랑을 만들어주는 마법의 감동문자메시지

사랑과 감동이 물씬 묻어나는 맛깔스러운 문자메시지는 나와 상대방을 좀더 살갑게
사랑의 끈으로 이어주고 맺어주는 소중한 징검다리가 된다.

사랑의 문자메시지는 사랑을 낳는 마음의 거울

  사랑하는 마음을 담아 곱게 띄워 보내는 문자메시지는 자신의 현재 생각을 사랑하는 사람에게 문자로 띄우는 단순한 의사소통수단이 아니다. 사랑의 문자메시지에는 구구절절 사랑을 낳는 표현이 스며들어 있어야 하므로 감동을 안겨주면서 사랑의 포근함이 듬뿍 배어 있는 좋은 글을 만들어 띄워 보내야 한다.

  상대방의 마음을 포근히 감싸줄 수 있는 진정성이 고이 묻어나도록 살갑게 단문편지의 얼개에 맞춰 문자 글귀를 만들어야만 보내는 사람의 마음이 잘 드러나고 감정이입이 잘 된다. 문자메시지 자체가 나라고 생각하면서 사랑하는 마음이 이심전심으로 통하도록 진솔한 마음을 가득 담아 살가운 단문편지로 묘사해야 그 효과가 극대화된다.

  사랑문자를 보낼 경우 보내는 문구에 '보고 싶다. 사랑해. 내겐 당신뿐이야. 그립다, 행복하게 해줄게' 등 상대방에게 관심을 갖는 문자와 더불어 그에 알맞은 하트 모양이나 다른 이모티콘을 붙여 보내면 효과적이다. 사랑하는 사람에게 문자메시지를 보낼 때는 머리가 아닌 가슴으로 보내야 진정성이 묻어나 상대방의 마음을 낚을 수 있다.

> **TIP**
>
> 문자메시지 중 사랑문자가 차지하는 비중과 쓰임새가 매우 크고 사랑하는 사람에게 감동을 선사해주는 사랑문자메시지의 글귀 또한 사랑의 단계와 상황에 따라 매우 다양하고 많으므로 이 책에는 사랑문자에 대한 개괄적인 내용만 정리하였다. 아름다운 만남 속에 사랑을 움트게 하고 알뜰하게 영글게 해주는 모든 사랑의 결정체를 다룬 사랑문자 책은 별도로 더 자세히 꾸민다.

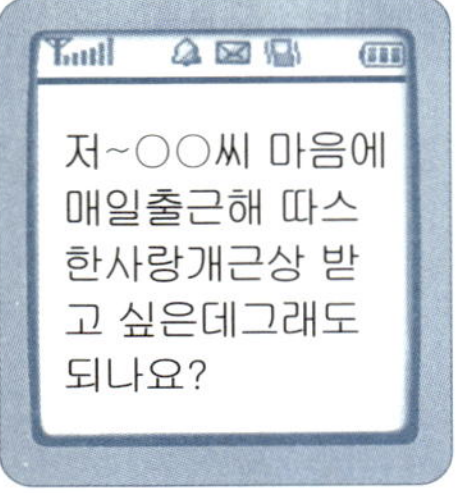

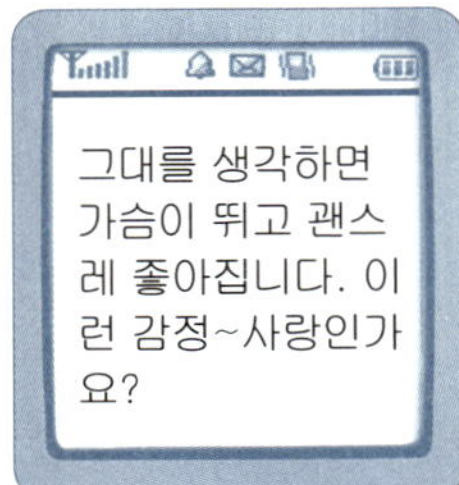

- ○○야! 네 마음속에 매일 출근해 네 빈 가슴 영원히 채워주고 싶은데 그래도 돼?

- ○○야! 나 매일 당신 마음속으로 출근해 당신에게 따스한 사랑개근상 받고 싶은데…

- ○○야! 나 언제나 따스한 해님 띄워 보내 늘 마음 밝게 해줄게. 사랑해♥

- 당신을 만난 것은 내 삶의 기적이었습니다. 그 기적~절대로 놓치고 싶지 않습니다.

- 당신과의 소중한 만남이 인연으로 이어져 필연으로 맺어지길 바랍니다.

- 그대 다니는 길 나 구름 지붕 되어 땡볕더위 식혀주는 도우미가 될게요.

- 당신은 하늘이 내게 주신 가장 소중한 선물입니다. 그 선물 평생간직하고 싶습니다.

- 매일매일 그대와 같이 아침을 행복하게 맞이하고 저녁을 같이 마감하고 싶습니다.

- 이 세상에 천사가 있는 줄 오늘 처음 알았습니다. 제 수호천사가 돼주시겠습니까(주실래요)?

🖳 첫눈에 반한다는 동화 같은 얘기가 그대를 통해 지금 제게 실현되었습니다.

🖳 당신을 처음 본 순간 당신의 아름다운 눈빛에 제 가슴은 시커멓게 탔습니다.

🖳 제겐 이 세상에서 제일 아름답고 귀한 ○○님! 제 피앙세가 돼주시겠습니까?

🖳 가장 소중한 사람이 내 곁에 있어서 정말 행복합니다. 평생 머물러주세요.

🖳 내 빈자리가 당신으로 가득 채워지도록 해줄래요? 오로지 당신만 가능합니다.

🖳 당신은 내 운명입니다. 운명의 끈, 사랑으로 엮어 행복으로 만들어드리고 싶습니다.

🖳 사랑해요! 난 당신밖에 없어요! 진심백배예요~! 날 믿고 따라주실래요?

🖳 마음이 추우면 몸도 춥습니다. 추운 마음 따스하게 영원히 녹여드리고 싶습니다.

🖳 그대 가슴에 사랑의 꽃나무 심어 행복열매를 영원히 맛보게 하고 싶습니다.

🖳 햇볕 내리쬐는 날에는 그늘이, 비오는 날에는 우산이 돼 드리고 싶습니다.

🖳 그대 가는 길~늘 행복 만발하라고 제가 곱게 쓸어드릴게요. 그리해도 되지요?

🖳 제 마음의 사랑 꺼내어 당신의 행복 담는 삶의 그릇으로 만들어드리고 싶습니다.

🖳 내 인생의 가장 큰 기쁨이 무언지 아세요? 바로 당신과의 만남이었습니다.

🖳 그대 위해 그대 곁을 떠나지 않고 지켜주는 수호천사로 영원히 머물고 싶습니다(싶네요).

🖳 당신에게 아직 채워지지 않은 빈 가슴 다독이며 가득 채울 수 있도록 기회~주세요.

🖳 나 한 송이 꽃이 되어 영원히 그대 가슴에 고운 향기 가득 채워드리고 싶습니다.

하늘의 여백이 참 곱네요. 그 여백에 알맞은 고운 수를 그대와 함께 놓고 싶습니다.

햇살 가득한 날 유리병에 햇살 가득 담았다가 당신 마음 흐린 날 드리고 싶습니다. 허락해주시겠습니까?

당신을 우연히 만나 알게 된 지금 난 그 우연을 인연으로 만들어 영원히 아름다운 필연을 낳도록 만들어드리고 싶습니다.

언제부터인가 내 맘 한구석에 자리 잡고 있는 사람이 있습니다. 그 사람은 이 문자를 보고 있는 바로 당신입니다.

모르는 사람을 사랑하게 만드는 것보다 사랑하는 사람을 모르는 사람으로 만드는 것이 몇 백 배는 어렵습니다. 그 아픔 지금 제가 느끼고 있네요.

당신에게선 여인의 아름다운 향기가 풀풀 납니다. 너무도 황홀한 고운 향기가. 나 그 향기 계속 맡도록 허락해주실래요?

당신에게선 너무도 매력적인 내음이 나네요. 남자로서의 멋진 향기가. 나 그 매력에 빠져도 되죠?

나~이 세상에서 오직 한 사람만 찾아내 그에게 밝은 웃음과 따뜻한 마음과 행복감을 주고 싶어. 그 한 사람이 바로 ○○였으면 해.

나는 언제부턴가 하늘이 좋아졌는데 그 이유는 하늘 아래 당신과 함께 살고 있기 때문입니다. 제가 당신에게 해주고 싶은 말은… 오로지 한 단어, 사랑해!!~입니다.

❷ 사랑하는 마음을 더욱 움트게 해주는 감동의 사랑문자

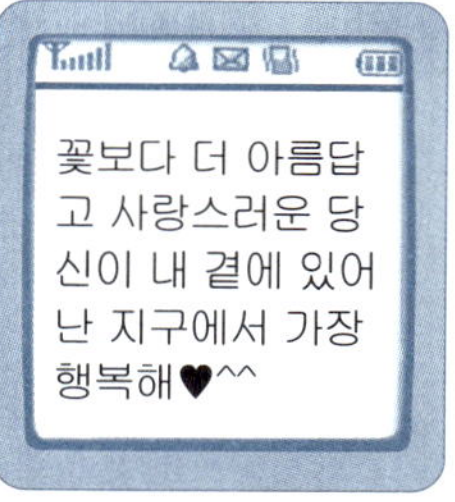

- 이 세상에서 내게 가장 소중한 존재는 늘 그윽한 향기로 날 맞는 바로 당신이야!

- 꽃보다 사랑스러운 당신이 내 곁에 있기에 진정 행복해, 여보(자기)야! 사랑해.

- 당신과 같은 시간 서로 맞갖게 지낸다는 것만으로도 난 넘~행복해♥

- 이 세상에서 내 삶의 기적은 오직 하나! 바로 당신을 만난 것입니다. 사랑합니다♡

- 사람의 향기가 당신에게서 아름답게 뿜어 나옵니다. 그 향기에 늘 취하고 싶어요~

- 많은 사람 중에 당신을 만난 것은 내 삶의 기적입니다. 그 기적 평생 안고 싶습니다.

- 이 세상에서 가장 좋은 당신을 만난 것은 하늘이 주신 최고의 행운이야, 사랑해♥

- ○○야! 쌀쌀한 날씨에 제일 푸근한 해님 띄워 보내 자기 따스하게 해줄게♥사랑해♥^

- 제 마음 담아 띄워 보낸 사랑이 그대 가슴에 곱게 퍼지길…
- 이 세상에 태어나줘서 정말 고마워. 또 날~가슴으로 만나줘서 고맙고…
- 내가 이 세상 살아가는 단 한 가지 이유는 자기 때문이야. 자기사랑 하나만 간직할게.
- 이 세상 행복 다 준다 해도 당신과는 바꿀 수 없어요. 당신은 바로 나~이니까요.
- 내 곁에 있어 줘 정말 고마워요. 나 또한 자기 곁에 영원히 머물게요.
- 언제나 당신에게 내 사랑으로 가득 채워진 포근한 하루가 열리길 기도해요.
- 당신을 대할 때 미끈한 당신 모습에 마음이 화끈거려 몸 둘 바를 모르겠습니다^^
- 밥은 먹을수록 찌고 돈은 쓸수록 아깝고 나이는 먹을수록 슬프지만 넌 알수록 좋아진다.
- 그대 향한 내 마음은 언제나 밀루유떼(MuLuJu Te), 사랑합니다. 아주 마니마니~
- 당신을 사랑하는 마음 큐피트의 화살로 쏘아 보냅니다→ ♥사랑해^^
- 지금 제 앞에는 무척 아름다운 꽃이 피었습니다. 그 꽃은 바로 당신입니다.
- 이리보고 저리보고 요리보고 암만 봐도 내겐~당신뿐야♥ (이 경우 문자 앞뒤에 잘 어울리는 이모티콘을 붙이면 더 좋다)
- 몇 번을 죽고 다시 태어난 대도 결국 진정한 사랑은 단 한번 당신뿐입니다.
- 당신은 하늘이 내게 준 가장 소중한 선물이야. 이 세상 오직 하나뿐인 고귀한 선물♥
- 당신을 생각만 해도 가슴이 설렙니다. 당신 없는 나~생각조차 하기 싫습니다.
- 마음은 항상 그대 앞에 서 있는데 몸도 그리 되도록 마음 가는 대로 가보렵니다.
- 당신은 나의 운명, 나의 반쪽, 나의 오직 단 한 사람입니다.
- 내 눈엔 오직 당신만이 천사 같고 당신만이 아름답고 예뻐. 영원히 그리

되게 할게.

- 내 삶에서 단 하나의 인연만을 허락한다면 그건 바로 당신입니다.
- 무조건 당신이 그냥 좋아서… 당신의 모든 게 사랑스럽게 다가오네(요)^^
- 당신을 만남으로써 내 삶의 기적을 하나씩 만들어나가고 있습니다.
- ○○야! 자기는 나의 영원한 완소남(완소녀)이야! 사랑해~마니마니♥
- 언제나 살뜰하게 보살피고 사랑해주는 내 당신, 죽도록 사랑해요^-^
- 아직도 당신은 내 심장을 이렇게 뛰게 만드네. 그림자 같은 수호천사로 남아서^^
- 당신을~진심으로 사랑합니다. 오늘도 내일도 이 세상 끝나는 순간까지 사랑해요~♥
- 나에게 진정한 행복을 안겨준 햇살 같은 당신에게 해바라기되어 따라가렵니다.
- 당신에게 언제나 아름다운 연인으로 기억되도록 온 마음으로 사랑할게.
- 자기야! 사랑해♥ 바다가 사라지고 하늘의 별들이 다 떨어질 때까지 영원히~
- 당신이 있어 힘이 되고 행복하고 하루가 언제나 즐거움으로 다가와. 자기야, 사랑해~
- 나 어제 안과 갖다 왔는데 큰일 났어! 눈에 뭐가 잔뜩 씌어 있대. 바로 당신이…
- 당신의 고운 향기가 내 가슴깊이 머물러 늘 당신 생각만 하게 해. 사랑해 ~마니마니~
- e+world+who+look+you+love+sun! 이 세상 누구보다 당신을 사랑해~♥
- 나 언제나 자기 건전지가 될게 사랑건전지~그것도 영원히 식지 않는 태양건전지^-^
- 당신은 내 복덩어리야! 행복덩어리^^ 나 또한 당신의 복덩어리로 영원히 머물게.

📱 0혼이 맑은 당신 1생 통해 만난 2세상 단 한 명! 3상이 변해도 4랑 영원히 가꿀게♥

📱 ○○야! 나~1생동안 2몸다바쳐 3수갑산가도 4랑할게. 5직 ○○만을♥*

📱 당신과 나의 사랑 숫자는 142857! 무슨 숫자로 나누어도 언제나 그 자리 있으니까.

📱 학은 천 마리 있어야 행운을 주지만 당신은 혼자서 내게 모든 행운 다 줘♥

📱 날마다 행복하다고 말할 수 있도록 날~만들어준 당신 정말~고마워요.

📱 모든 꽃은 언젠간 시들지만 내마음에 핀 사랑꽃은 영원히 시들지 않을 거야.

MMS용 문자메시지 명품글귀

📱 당신은 날 고운 미소로 행복하게 해주는 이 세상에서 가장 아름다운 미소천사야. 당신 미소엔 행복꽃이 피어나^^

📱 이 세상에서 내게 가장 소중한 단 한 사람은 이 메시지를 보고 있는 오직 당신뿐입니다♥♥♥

📱 사랑이 이리 달콤하고 아름답고 온몸을 사로잡는 것인 줄 그대에게 첨~ 느꼈습니다. 이 느낌 준 당신께 한없는 고마움 보냅니다^^*

📱 이 세상 모든 게 변해도 난 늘 한 자리에 있을 겁니다. 바로 당신의 깊은 마음속에. 그리고 내 마음의 중심엔 당신만 머물러 있다는 사실 잊지 마세요.

📱 이제는 느껴져. 이글거리면서 타는 내 사랑의 빛이 그대 눈 속에 깊이 있음을… 나 당신의 아름다운 눈과 늘 마주하고 싶은데… 그러면 여한이 없을 것 같아.

📱 당신 안엔 내가~내 안엔 당신 있어 우리 둘만의 사랑의 불꽃 영원히 아름답게 피울 수 있어서 정말 좋아.

📱 자기야! 내 안에 늘 당신 있어 내 하루가 언제나 설렘과 행복으로 다가

와. 고마워, 날 이렇게 만들어줘서!

- 당신은 사랑의 향기 심어준 내 유일한 사람! 당신을 생각하는 것만으로도 행복한 삶의 향기가 저절로 묻어납니다.

- 오늘은 당신을 만난 지 ○○일 되는 날. 처음 만났을 때의 그 느낌보다 더 새록새록 깊은 감동과 행복 안겨주는 당신~고마워!

- 5−3=2+2=4 오해에서 세 걸음 물러나면 이해가 되고 이해에 이해를 더하면 사랑이 된데^^ 당신 사랑에 걸림돌 없도록 언제나 오해 아닌 이해만 할게.

- 사랑에 공식이 있다면 당신과 나의 사랑은 1+1=∞일 거야. 우리 둘 함께라면 이 세상 못 이룰 것 없을 테니깐.

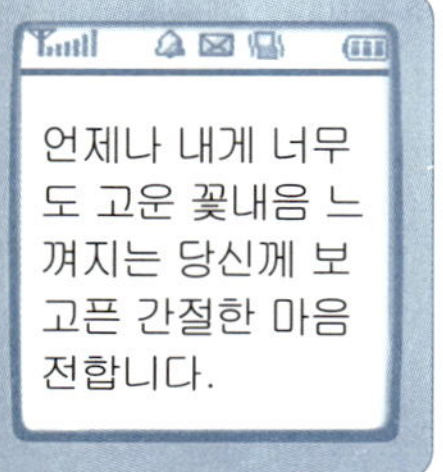

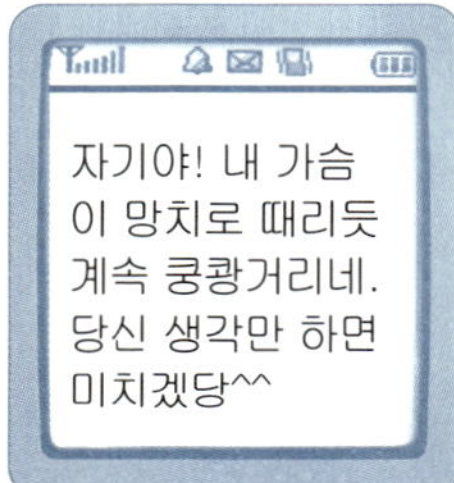

- 사랑이 이렇게도 달콤하고 향기로운 줄 당신 덕분에 온몸으로 느끼고 있어(요).

- 당신목소리가 너무나 듣고 싶어서, 당신의 파이팅 한마디가 듣고 싶어서 문자 날려.

- 너무도 좋으신 ○○님! 언제나 제 삶에 길잡이 돼주세요. 항상 보고프고 그리워지네요.

- ○○야~ 무지 보고 싶다! 미치도록~사랑해. I love you♥

- 자기야~내 사랑아~너무 보고 싶어! 빨리빨리 내게 날아오세여^^♥

- 당신 생각할 때마다 가슴이 쿵쾅거려 옆 사람이 듣고 놀라^^ 어쩌지^?^

- 너무도 예쁜(아름다운) 그대가 자꾸 떠올라 맞갖게 다가서는 마음 멈출 수 없네요.

- 가슴속에 숨겨둔 말 문자에 담아 사랑하는 마음 한 자락 내려놓고 갑니다.

- 지금 내 속이 시커멓게 타 들어가. 당신 향한 보고픈 마음이 넘 뜨거워서ㅠ

- 온 세상이 하얗게 덮여 있는 것처럼 나도 온통 그대 생각뿐입니다~

- 늘 그대와 함께 있음에 감사한 나날, 밀려오는 그리움 지그시 눌렀다 만

날 때 풀게.
- 자기야! 이름만 불러도 가슴이 마구 콩닥거리며 뛰어. 많이 보고 싶다, 미치도록.

- 눈을 감아도, 눈을 떠도 그대 생각만 납니다. 이러다 나~그대 보고픈 마음에 쓰러질 것 같아요.
- 보고픔과 그리움이 물밀듯 밀려옵니다. 오늘 따라 그 사람이 사무치게 그립네요. 그~사람은 ○○(이름 명시) 바로 당신입니다.
- 당신 만나고 나면 당신 생각에 갈피 못 잡고 또 보고픔이 밀려옵니다. 나 당신 영원히 곁에 두고 싶습니다.
- 기쁠 때나 슬플 때나 외로울 때나 행복할 때나 언제나 가장 먼저 생각나는 사람은 바로 ○○야! 지금 이 순간도 ○○가 생각 나.
- 당신을 생각한다는 것만으로도 언제나 가슴이 벅차오릅니다. 당신을 그리워하면 할수록 내 마음은 고무풍선처럼 끝없이 행놔 수놓은 창공을 날아갑니다.
- 이리도 일손이 안 잡힐 줄 몰랐습니다. 당신을 만난 이후로 내 가슴은 타들어갑니다. 차라리 숯이 되어 당신을 늘 따스하게 해주고 싶습니다.
- 화분에 물을 자주 주면 뿌리가 썩는 것처럼 자기 생각 너무 많이 해 행여 내 그리움도 뿌리 내리지 못하는 건 아닐까 노심초사해^-^

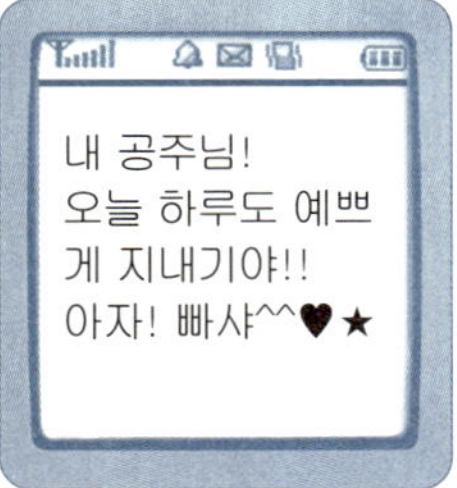

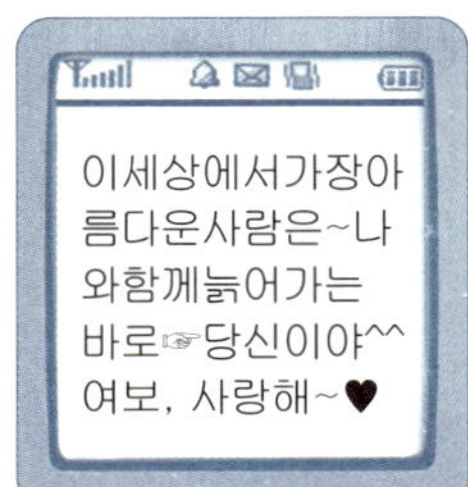

- 당신과 결혼한 것은 내 삶의 유일한 기적이야. 자기야, 사랑해♥
- 당신과 언제나 맞갖게 기쁨과 행복이 넘쳐나는 행복한 삶 가꾸도록 노력할게!
- 당신 갈수록 점점 더 멋있어지네. 그거 모두 다 나 때문인 거 알지??^^ ㅋㅋ(ㅎㅎ)
- 이 세상에서 가장 소중한 보물은 늘 내 곁에 머물고 내 안에서 숨 쉬는 바로 당신!
- 당신은 애들을 키우는 데 타고난 소질이 있는가봐. 어쩜 우리 애들~이리도 잘났어^^
- 나~당신 보고 있으면 감탄사가 저절로 나와. 내 아내지만 정말 아름답고 예뻐^^
- 당신은 눈에 넣어도 아프지 않은 내 행복천사요 사랑의 수호신이야. 사랑해~
- 당신은 못하는 게 없네~ 일도 사랑도 효도도. 난 행복해. 여보야, 사랑해. 고맙고.

- 당신은 뭘 입어도 폼이 나~아직도 처녀 같아^^ 사랑해, 울 마눌님!

- 당신 웃을 때 보면 꼭 사춘기 여고생같이 곱고 예뻐~ 여보야! 싸랑해. 따따블로^^

- 미운 정 고운 정 다 들어 언제나 살갑게 대할 수 있는 당신이 있어 하루가 행복해.

- 당신 내가 젤 존경하는 장모님(장인어른) 닮아 그렇게 이해심이 넓은 거 맞지^?^

- 당신 잠든 모습 보면 꼭 하늘에서 잠시 내려온 천사 같아. 어쩜 그리 예쁘게 자?

- 당신 가족을 위해 애쓰는 마음 씀씀이 보면 내가 부끄러워질 정도야~여보, 사랑해.

- 어쩜 당신은 내(장인어른, 장모님, 시어머니, 시아버지 등) 생일 그렇게 잘 기억해? 그만큼 나 사랑한다는 거 맞지^?^

- 당신은 아무 옷이나 입어도 다 예뻐. 내 공주님은 세상에서 제일 예뻐, 그치?

- 여보야~가장 소중한 행복은 가까운 곳에 있다는 사실을 당신을 보며 깨달아. 사랑해.

- 내겐 오직 당신뿐야. 우리 애들은 하늘이 내게 베푼 당신과의 행복 위한 삶의 보너스야.

- 언제나 내 가슴깊이 머문 자기야! 당신사랑 튼실하게 꽃피우도록 평생 잘 가꿀게.

- 자기야~당신은 이 세상에서 가장 아름다운 엄마고 가장 사랑스러운 내 아내야, 사랑해.

- 자기야~당신은 이 세상에서 가장 멋진 아빠고 가장 사랑스러운 내 남편이야, 사랑해.

- 자기야! 변함없이 좋은 울~남편, 좋은 아빠로 있어줄 거지? 사랑해용^^ 

- 당신, 내가 있어 조금이라도 더 행복해지도록 애쓸게. 나만 믿고 따라
  줘. 알았지^?^♥

- 자기야~당신 평생토록 내 든든한 버팀목 되어줄 수 있지? 사랑해.

- 이 세상에 유일하게 내 자기로 태어나 부부된 몸! 원없이 사랑하며 행복
  하게 살자.

MMS용 문자메시지 명품글귀

- 다시 태어나도 당신 같은 사람 못 만날 거야. 그래서 이승에서 당신 정말
  마니 사랑하고 행복하게 해주려 늘 애쓸게. 사랑해, 자기야. 너무도 마니~

- 당신 일품인 음식 솜씨 덕분에 난 늘 최고로 맛있는 식사대접을 왕처럼
  받고 있어 행복해. 고마워요, 내 여왕님!^^

- ○○야! 우리 '2222 공&왕 2222' 되자. 이 세상 안에서 우리 두 사람(공
  주와 왕자)이 영원히 팔팔하게 지내면서 사랑 가꿔^-^ 응?

- 나 당신 있음에 행복하고 당신 사랑함에 온 세상 안은 듯 가슴 벅차 와.
  언제나 따스한 봄날처럼 푸근히 감싸줄게.

❯ 사랑하는 사람을 더욱 감동시키는 멋진 감동의 사랑문자

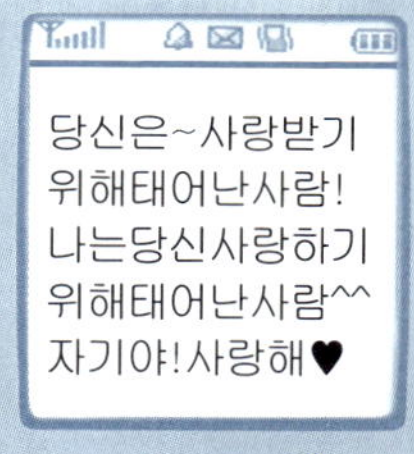

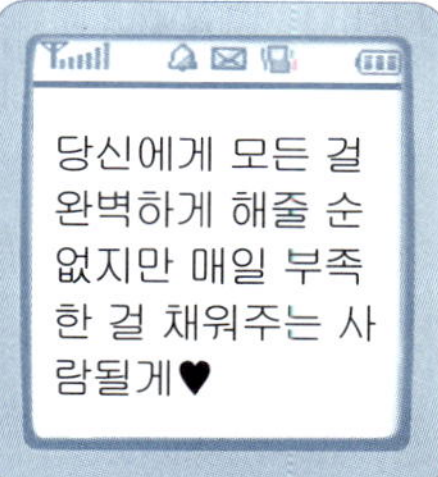

- 당신 덕분에 오늘도 행복해요. 당신도 내가 있어 행복한 하루되삼★^^★
- 당신 정 듬뿍 담긴 메시지 보면 내 사랑불씨로 삶에 활력소되어 하루가 넘 즐거워.
- 자기는 가뭄 속에 솟아오르는 맑은 샘물, 메마른 대지 촉촉이 적시는 예쁜 봄비^^
- 사랑해! 이 세상에 내가 존재하는 그날까지. 당신 없음 따라 죽을 만큼…
- 내가 누군가 위해 기도하고 싶은 마음 드는 건 오직 한 사람 바로 자기야.
- 당신은 내게 사랑받기 위해 태어난 사람, 나는 당신~사랑하기 위해 태어난 사람^^
- 먹어도 질리지 않고 언제나 영양가만 솔솔 안겨주는 당신의 따스한 밥이 되어줄게.
- 나 자기가 이 세상에서 가장 행복하도록 꼭 만들어줄게. 사랑해♥
- 하늘이 선물로 내려준 가장 고귀한 당신이 내 곁에 있기에 난 늘~행복해.
- 연애는 입술을 떨게 하지만 사랑은 가슴을 떨리게 한다. 나 지금 떠는 거 보여^?^

- 그대를 사랑하는 내 마음이 그대 눈 속으로 사라져버렸습니다. 어찌하오리까^^**

- 나 일~잘되는 거 모두 당신 덕분이야. 당신 생각 안 하면 일이 아예 안 되니까^^*

- ○○님을 만나고는 너무도 멋진(아름다운) 매력에 흠뻑 빠져버리고 말았습니다.

- 오늘 만남 내 생애 최고의 행복이었습니다. 그런 행복 안겨줘 정말 고마워요♥

- 죽는 날까지 사랑하는 사람은 이 세상에 단 한 명, 언제까지나 당신뿐입니다.

- 내가 이 세상을 사는 이유는 오직 당신 때문. 당신사랑 하나만 안고 살고 싶습니다(싶어, 싶어요).

- 큰일 났네. 당신의 아름다운 모습이 파도처럼 밀려와 나 지금 떠내려갈 것 같아^^

- 내가 살아 있는 이유는 그대가 있기 때문, 내가 사는 이유는 그대를 지켜주려고.

- 나! 오늘 당신 만나고 나서 속이 모두 타버렸어. 당신의 아름다운 눈빛이 눈부셔서.

- 사랑한다는 말 수만 번 해도 내 마음을 다 못 보여줘. 미안해. 살면서 다 보여줄게.

- 하늘이 보내주신 너무도 귀한 당신이 내 곁에 있기에 눈물나도록 행복해♡ㅜ.ㅜ♡

- 당신에게 일어난 일 중 가장 큰 기적은 뭐야? 내 삶의 기적은 당신 만난 거야.

- 나~언제나 당신의 삶을 인도하는 빛과 생활의 양념인 소금이 돼줄게.

- 내가 평생 당신에게 줄 수 있는 것은 오직 하나 사랑하는 이 마음이야.

- 모든 게 변해도 난 늘 그 자리에 있을 거야. 내 사랑의 중심은 늘 당신 마

음이야.

📱 따스한 햇살에 내 사랑 담아 바람에 내맘 실어 보내. 사랑해, 내 공주(왕자)님~

📱 내게 여인의 아름다운 향기 흠뻑 전해준 당신! 늘 내게 그 고운 향기 머물게 해줘서 정말 고마워. 사랑해♥

📱 이 세상 행복 다 준대도 당신과 바꿀 순 없어. 세상이 내게 준 행복이 바로 당신이니까. 자기야. 사랑해. 내 모든 것 다 줄(바칠)만큼…♥

📱 안 보면 보고 싶고 보면 헤어지기 싫은 당신에게 푹 빠진 나~영원히 당신 품에 머물고 싶어요♥

📱 자기가 태어난 날엔 비가 아주 많이 내렸을 거야. 하늘은 천사인 자길 보낼 때 무지 슬펐을 테니까. 그치^^＊ 이젠 내가 당신 수호천사 해줄게. 내 사랑 자기만 사랑해.

📱 늘 감싸주고 사랑하는 당신의 마음 씀씀이의 무게를 느껴. 행복하도록 살가운 그림자로 당신 곁에 영원히 머물게. ○○야! 사랑해♥

📱 당신 사랑하는 마음 씨줄과 날줄로 엮어 내 가슴 깊이 수놓았어. 우리 그 사랑의 실로 아름다운 내일을 예쁘게 만들어가. 응? 사랑해~

📱 당신 정 듬뿍 담긴 메시지 보면 내 마음 사랑의 불씨로 삶에 활력소 되어 하루가 즐거워. 사랑해. 미치도록 마니마니~

📱 나! 오늘 당신 만나고 나서부터 헤어나질 못하고 있어. 당신의 그 예쁜 눈에 풍덩 빠져서… 나 좀 꺼내줄래♥

📱 이 세상에 당신을 사랑하는 사람이 없다면 저도 이 세상에 존재하지 않았을 것입니다. 나는 당신을 사랑하기 위해 태어난 사람이니까요.

📱 당신을 기다리는 일이 아무리 힘들고 지치게 다가와도 난 당신을 영원히 기다릴 겁니다. 그게 내 삶의 전부(이유)니까요.

▣ 나 당신의 영원한 반려자 되어 행복의 씨줄과 날줄을 아름답게 수놓아 그 안에 늘 머물도록 해주고 싶습니다.

▣ 내가 당신에게 줄 수 있는 것은 모두 주고 싶어. 이 생명까지도. 우리 사랑을 위해 내 모든 걸 다 줄게(던질게).

▣ 오늘 하루 늘 행복과 사랑이 넘치는 기분 좋은 날 되세요. 난 당신의 그 모습 상상하면서 덩달아 기분 좋은 하루 보낼게요.

▣ 생각만 해도 미소 지을 수 있는 사람, 내게 행복감을 느끼게 해주는 유일한 사람^^ 자기야! 넘 고맙고 사랑해~ 나도 자기 행복 위해 모든 걸 바칠게(다줄게)♥

▣ 당신의 고운 향기에 취해 나 지금 쓰러질 것 같아. 자기야!~나 술 안 먹고 마냥 당신 향기에만 취할래. 그래도 돼^?^

▣ 사랑은 하나를 둘로 나누는 것이라는 사실을 당신을 알고부터 깨달았어(요). 내 인생의 반쪽인 당신이 있어야 나도 하나가 된다는 것을… 내 반쪽 자기야! 사랑해♥

▣ 당신을 생각하며 하루를 지내는 것이 이렇게 행복한 줄 미처 몰랐습니다. 고마워요. 내게 새로운 기쁨과 희망을 안겨줘서…

▣ 내가 이 세상에 사는 동안 당신과 같이 아름다운 향기를 내뿜는 여인은 처음 봤어. 난 여인의 향기가 이렇게도 향기 나는 내음인 걸 당신에게서 느꼈어. 자기야. 정말 고마워. 내게 새로운 삶을 갖게 해줘서… 사랑해♥
(이 문자메시지는 단문편지형식으로 사랑하는 여인에게 길게 보내도 효과적이다)

맛깔스럽게 띄워 감동을 선사하는 멋진 애교문자

애교는 사랑을 아름답게 물들이는 감초

문자메시지로도 얼마든지 상대방에게 귀엽고 사랑스럽고 애교스러운 표현을 전해줄 수 있다. 위트가 넘치고 센스 있는 문자, 귀여운 말, 애교어린 말로 다듬어진 단문편지가 바로 애교문자다.

애교문자도 아름다운 사랑을 낳기 위한 과정의 터치 툴이므로 사랑문자 책에 종합적으로 다루었고 여기서는 기본 얼개만 보여준다. 애교문자는 남이 볼 때는 닭살 돋는 글이지만 둘에게는 정이 듬뿍 묻어난다.

애교문자는 발음을 부드럽게 터치해주면서 닭살스럽고 애교스러운 말로 꾸미면 된다. 단 애교문자를 보낼 때 주의할 점은 너무 남발하면 자칫 식상하게 생각할 수도 있다는 것이다. 특히 비즈니스로 애교문자를 보낼 때는 신중해야 한다. 상대방의 내면과 인품을 확실히 모르는 단계에서 보내면 자칫 오해 사기 십상이므로 조심해야 한다.

따라서 애교문자의 대상으로는 서로 허물없이 지내면서 마음을 잘 아는 연인과 가족, 친구가 제격이다. 그런데 사랑이 막 싹트기 시작하는 연인들의 경우에는 상대방에 대한 감정의 깊이가 그리 깊지 않을 수도 있으므로 신중해야 한다. 애교문자가 상대방에게는 애교가 아닌 성의 없는 문자로 받아들여져 정을 뚝 떨어지게 하는 동인이 될 수도 있기 때문이다.

닭살스러운 문자, 달콤한 문자, 애교어린 문자를 보내 서로 사랑을 더욱 돈독히 하는 디딤돌로 삼아보자. 이 기회에 사랑애, 부부애를 더욱 살갑게 만들어보자.

애교를 부리는 문자 글귀는 둘만 사용하는 구어체를 활용하라

애교를 부리는 문자 글귀는 둘만 사용하는 구어체를 활용하는 것이 어필이 가장 잘된다. 애교 부리는 말투는 일반적인 표준어 문어체가 아니라 변형된 구어체를 사용하는 것이 효과적이다. 즉 말투가 어리광스러운 투로 바뀌어야 한다. 예를 들면 아주 가까운 사이일 경우에는 '~했어?', '~해'라고 문자를 보낼 때 '~해떠?', '~해써?' 또는 '~해땅', '~하셈!', '~하삼'이라고 표현하는 것이 훨씬 더 친근감이 있고 애교스럽다.

호칭 또한 부드럽게 감칠맛 나도록 만들어야 한다. 특히 연인 사이에는 이른바 닭살문자를 보내는 것이 가장 효과적이다. 남들이 너무 느끼하고 닭살 돋는다고 하는 문자가 연인끼리는 더 잘 통하는 애교문자다. 따라서 문자 글귀를 만들 때 애교스러운 말로 글자를 맛깔스럽게 꾸미는 것은 물론이고 답신을 할 때도 '응'보다는 엉~^^ 또는 ㅇㅇ이라고 표기하는 게 더 효과적이다.

또 문자메시지 끝마칠 때 사랑스러운 표정을 보내려면 문자 글귀에 맞도록 이모티콘 사용방법에 명시했듯이 ♥, ♡, ^^*, ㅋㅋㅋ, ㅋㄷㅋㄷ, ㅎㅎ, *^^*, ^0^, ^-^, (^^), ^^, —0—, ——;;, ^^ 등 밝게 미소 짓는 이모티콘을 정성스레 찾아 붙여 조화롭게 만들면 상대방에게 더 잘 어필된다.

애교문자에 어울리는 애교스러운 말

예를 들면 다음과 같은 말들이 애교문자로 어울린다.

자기야 → 자갸, 쟈기, 쟈야. 여보야! → 공주마마. 얼른 와 → 언능 오삼. 제일 →젤. 너무 → 넘. 마음 → 맘. 응 → 엉. 예 → 야^^. 최고야 → 짱이야. 안녕 → 안뇽. 사랑해 → 싸랑해용^^, 따랑행, 따랑해 쟈기, 우헤헤. 밥먹었어 → 밥먹었져. 보고 싶었어 → 보고 싶었져. 좋아 → 조아. 좋다 → 조타. 안녕하세요 → 안녕하세용. 다녀와 → 댕겨오삼. 응 → 흐응, 으잉, 잉~(투정부릴 때), 엉~. 있잖아요 →잇쟈나요. 즐거운 → 즐건. 좋은 → 조은, 존. 했어 → 하삼. 하세요→ 하세영, 하세염. 알 았어 → 알았엉~♡^^*. 웃는 표시 : ㅋㅋ, ㅋㄷㅋㄷ, 히히(귀엽게 웃을 때). 아양 떨 때 : 아이이잉~, 웅~, 앙~~, ~헤헤. ~했어? ~해 → ~해 떠?, ~해써?, ~해땅. 해 → ~하셈!, ~하삼. 겁나게 내렸어요 → 겁나 갸 내릿어여. 난리 치네요 → 날리 치네욤. 내가요 → 넉아요. 많이 왔 어요 → 마니 왓더여. 하이룽 방갑습니당 등

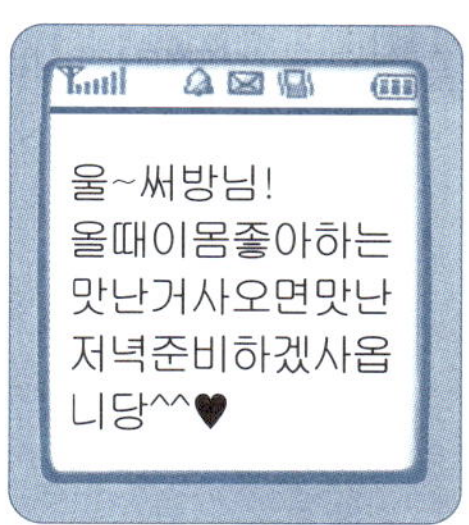

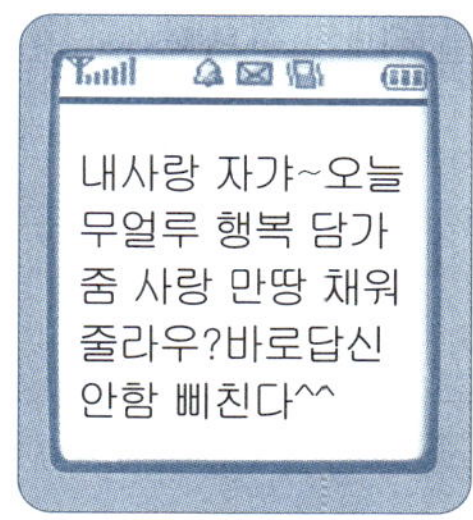

사랑하는 부부 사이에 보내는 애교문자

- 가족 챙기느라 눈코뜰새 없는 마눌님! 당신에게 눈코뜰새 말고 피앙새가 돼줄게^^
- 처자식 먹여 살리느라 고생하는 울 남편^^ 올 때 귀때기 코때기 잘챙겨 오삼~^^(출장 또는 먼 길 외출시 사용)
- 눈에 넣어도 아프지 않은 그대여. 당신은 나의 영원한 수호천사(콘텍트렌즈, 반쪽)야^^
- 자기자기 우리자기, 너무나 사랑스러운 우리자기 국보자기. 내 사랑 자기 싸랑해^^
- 여보, ○○아빠가 ○○엄마 엄청 사랑한데~ ○○엄마의 사랑의 노예래^^(○○는 자녀들 이름을 말함)
- 앞으로 우리 둘 앞날에는 행복한 날만 많았음 참 좋겠당! 그치 자갸^^
- 자기야! 나 자기 이~~→만큼 사랑해. 오늘도 열심히 부지런히. 저녁에 봐용~^^
- 화끈한 밤을 원하십니까?♨너무 추우니 보일러 틀고 이불 덮고 주무세요^^ 잘자~(출장 중 보내는 문자)
- ○○년 전보다 더 당신을 사랑해. 앞으로는 더욱더 이몸 바쳐 사랑할게. 남편이^^
- 출근길 바람~정말 세게 불어. 외출할 때 날씬한 당신 행여 날아가지 않게 조심해!^^

사랑하는 연인 사이에 보내는 애교문자

- 자갸~나 지금 가슴이 아팡. 당신이 내안에 너무 깊이 있어 가슴을 자꾸만 콕콕찔러^^

- 세상엔 우유 종류가 많지만 내가 당신에게 줄 단 한 가지는 아이럽 우유~야^^

- 자기야! 나 자기사랑으로 사철 피어나는 아름다운 꽃망울이고 싶어. 그리 해줄 거지^^

- 자갸! 미안. 당신 너무 사랑해 미치려는 날~당신 또한 날 미치게 사랑하게 만들어서^^

- 아웅>_<자긔♡따랑해요~넘 마니마니, 미치도록ㅎㅎ~

- 자기야! 나 좀 늦어도 화내지 말고 질끈 눈 감아줘! 당신 맘 따끈하게 해줄게^^

- 아잉~자긔야~우리 오늘은 계속 부터이쨔^^~자긔 눈 나 얼만쿰 싸랑해용?

- 방금 통장으로 행복 송금했응께 인출해 써~ 비밀번호는 예쁜 당신 미소야^^

- 나 당신이 곁에 없으면 발끈 화나지만 그래도 항상 화끈하게 용서해줄게^^

- 당신은 내가 하느님한테 평생 할부로 샀응께 내 옆에 붙어 있어야 해. 알았지?ㅎㅎ^^

- 자기야, 나 무지 사랑스럽지(예쁘지)!? 이런 나 보고싶지^?^ 난 자기 무지 보고시픈데^^*~

- 자기야! 큰일났어. 보고싶어 맘에 불났는데 와서 꺼줄래? 아님 내가 지금 달려갈까^^

- 자기야. 너무 보고시포 심장이 터질 거 같네 ㅠㅠ 사롱해요^^**

- 자갸! 어제(사연 기재) 미안해. 만나면 맛난 사과 사줄게. 대신 내 사과 받아^^

- 요홀라 예쁜 내 자갸! 당신 아름다운 모습에 누가 되지 않도록 늘 잘해줄게.

- 자갸! 하이룽^^* 오늘 하루 나만 생각하며 행복하게 지내~사랑해용, 마니마니^*^

시험성적이 나쁘게 나왔을 때 부모님에게 띄우는 애교문자

- 어마마마, 소녀 ○○과목 망칠 것 같사오니 용서해주시옵소서! 앞으론 잘하겠사옵니다.
- 아바마마 소자 오늘시험 잘못본거 같아 몸둘바 없나이다. 앞으론 잘하겠사옵니다-_-
- 부모님 전상서~ 어마마마(아바마마) 소자(소녀) 앞으론 농땡이 안 부리고 열공하겠습니당^^

늦게 들어오는 자녀에게 보내는 애교문자

- ○○야! 시방 언릉 퍼뜩 들어온남! 늦게 오면 뒤지게 혼난당~
- 이 세상에서 젤 사랑하는 울 아들(따)님! 오늘도 늦으면 내 사랑 떠난다. 경고~

부모의 오타 가득한 가슴 찡한 감동문자

- 아들아, 엄마다. 전심 머 머글 거니? 오후 잘보네구 오때 두부사와 아라찌!
- 엄칭 예쁜 내 따라! 아빠다. 오늘 잘 지네거라. 사랑한다.

엄마가 성장한 자식에게 심부름시키는 애교문자

- 내 사랑 아들(딸)아~올 때 마트들러서 우유랑 빵좀 사와~안 사오면 이따 디진다^^

잘 아는 사람에게 보내는 애교문자

- 하이룽!^^ 즐겁고 복된 하루보내샹. 알았쥐?? ^&^*
- 안녕하삼!! 오늘도 멋찐 하루되세용(셍)??^?^
- 방그리^^~잘 지내고 계시죵! 오늘 하루도 잼나게 보내7 용^^*

친구끼리 보내는 애교문자

- 보고싶당 친구야. 나이 들어선지 친구가 그립넹. 눈시울도 젖고 우리 자
  주눈팅하자.

비즈니스용으로 보내는 애교문자

- 와아! 요즘 ○○님 실력(업적)이 껑충 솟아올라~감탄사 연발하고 있슴당
  ^^* 파이팅!
- ○○님! 요새 ○○님이 저만치 달려가 놀란 토끼눈으로 시샘합니당^^
  추카해요. 아자!
- 오늘 끈끈한 만남 속에 따끈따끈한 대화 나누며 매끈하게 일 처리하는
  화끈한 하루되길 기대합니다^^(MMS, 서로 아는 사이일 경우에만 사용)

애교문자는 주로 사랑과 관련된 것이 많다. 애교문자로 어울리는 말(글)들과 애교문자글 등 좀더 자세한 애교문자에 대해서는 사랑문자 책에 게재하였으니 참고하기 바란다.

11

휴가, 등산, 여행시 띄우는 멋진

감동문자메시지

휴가나 등산(산행), 여행은 자연과 하나 되고 자신을 키우는 쉼의 터전이다. 따라서 이때 보내주는 감동의 문자메시지는 받는 사람의 마음을 평안하고 행복하게 만들어주어 그 잔상효과가 매우 높다.

❷ 일상적인 휴가맞이 인사용 멋진 감동문자

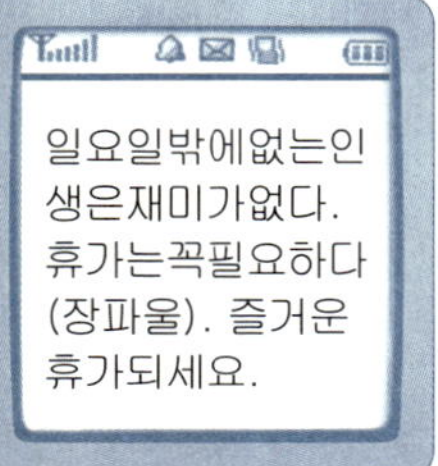

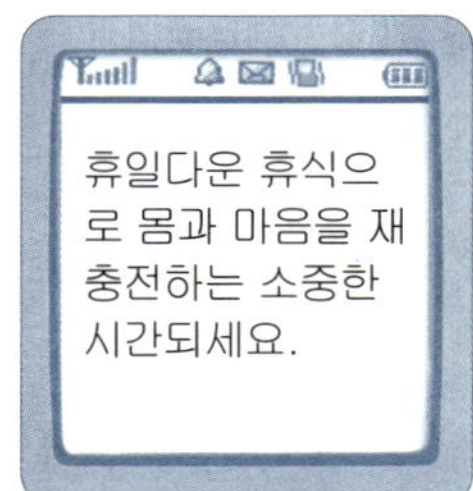

- 쉼표 없는 인생은 좋은 인생이 될 수 없대요. 편안한 휴식 즐기는 멋진 휴가되세요.

- 휴식은 곡식의 성장을 도와주는 단비와 같다(힐티). 편안하고 즐건 휴식 되삼.

- 휴식은 지상에서 가장 소중한 것이다(헤겔). 즐겁고 행복한 휴가 보내세요.

- 스트레스 몽땅 날리고 즐거운(행복한, 기쁜) 마음만 안고 오는 멋진 휴가 되삼^^

- 일한 대가로 얻은 휴식은 일한 사람만이 맛보는 쾌락이다(힐티). 즐거운 휴가되세요.

- 온가족이 기대하는 휴가! 사랑으로 빚은 웃음 꽃 피우며 즐겁게 보내세요.

- 휴가기간 내내 편안한 쉼 속에 콧노래 절로 나오는 즐거운 시간되길.

- 온 가족이 즐기는 휴가! 즐거움 듬뿍 행복가득 담고 기쁘고 건강하게 보내세요.

- 귀한 휴가~편안한 쉼 속에 행복한 기분만 움트는 즐거운 시간되삼^^

- 즐거움 가득 안고 아름다운 추억 많이 만드는 멋진 휴가되세요~

- 일상을 떠나 편안한 쉼 곱게 이루는 즐거운 휴가되세요.

- 즐거움 가득한 시간 속에 그간 쌓인 스트레스 버리고 희망 담아오는 휴
  가되삼.

- 즐거운 추억 많이 만들어 오시는 멋진 휴가되세요. 휴가 잘 다녀오세요^^

- 모든 스트레스 날리는 편안한 쉼 속에 달콤한 휴가 보내고 오세요.

- 즐거운 시간 속에 좋은 추억 많이 만들고 오는 행복한 휴가되삼^^

- 힘든 시간 뒤에는 달콤한 시간이 기다린다(격언). 편안한 쉼 속에 행복하
  게(즐겁게) 보내세요.

- 휴가를 즐기는 사람만큼 휴가를 원하는 사람은 없다(허버드). 즐겁게 보
  내고 오삼^^*

- 고단한 하루하루 삶의 여정 끝에 얻은 귀한 휴가~즐겁게 보내길 바랍니다^^

- 마음의 쉼표 만들어 여유로움 속에 즐거움과 행복이 여울지는 멋진 휴
  가되삼!~^^

- 아름다운 자연과 벗하며 편안한 쉼 속에 마음샘 행복으로 채우는 즐거
  운 휴가되삼^^

- 휴식은 정숙하고 여유로우며 아름다워야 한다(박범신). 즐겁고 편안한
  휴가되세요^^

- 휴가 떠나신다고요. 편안한 쉼의 행간만 깃드는 즐거운 휴가되길 바랍
  니다^^*

휴가 다녀왔을 때 인사문자 글귀

- 휴가 잘 다녀오셨죠? 쉼 속에 행복한 마음꽃 활짝 피었길 바라요. 좋은
  하루되세요.

- 휴가 잘 다녀오셨어요?! 즐거운 마음 이으시며 행복한 하루되길 바랍니다.

- 알찬 휴가 되셨지요^?^ 새로운 마음으로 오늘 하루 즐겁게 보내세요.

오랜만에 가족과 함께한 휴가~행복하셨지요^?^ 그 기분 이어 늘 행복하세요(행복하삼)^^

○○님 휴가간 사이에 보고 싶어 혼났습니다^^ 잘 다녀오셨지요? 행복한 하루되세요.

휴가 잘 다녀오셨지요^?^ 휴가 기분으로 언제나 행복한 마음만 여울지길 바랍니다.

즐거운 휴가 되셨지요^?^ 이제 새로운 마음으로 힘차게 출발하세요. 아자, 파이팅^^

❷ 한여름 휴가철 인사용 멋진 감동문자

- 바캉스 시즌! 무더위 가족과의 휴가로 몽땅 날리며 즐거운 추억 많이 담아오세요(담아오삼)^^
- 바캉스 계절! 알찬 피서계획 세워 한여름 멋지게 보내세요.
- 올 여름 휴가는 행복만땅~! 건강만땅~! 기쁨만땅 즐기는 멋진 휴가되삼^^
- 피서가 절정입니다. 건강한 모습으로 무탈하게 즐겁고 행복한 휴가 다녀오세요.
- 아름다운 추억 많이 만드는 휴가 보내고 건강하고 시원하게 여름 나세요~
- 사랑하는 가족(사람)과 행복한 마음 나누며 더위 잊는 즐거운 피서되세요.
- 지혜로운 자는 물을 좋아하고 어진 자는 산을 좋아한다(격언). 휴가 즐겁게 보내길(보내삼)^^

휴가 떠나신다고요?

- 잠시 일일랑 잊으시고 꿀맛처럼 달콤한 휴가되길 바랍니다.
- 편안히 쉬면서 삶의 재충전 기회로 삼는 알뜰한 휴가되세요.
- 황금 휴가 내내 기쁨과 즐거움만 넘실대길 바랄게요^^&*
- 예쁜 추억 마니마니 만드는 멋진 휴가되세요.
- 즐겁게 보내시면서 좋은 추억 마니마니 남기는 멋진 휴가되길(되삼)^^
- 편안한 쉼 속에 행복감 여울지는 멋진 휴가되길 바랍니다.
- 행복한 시간 안에만 들어가는 즐거운 휴가되세요.
- 안전하고 즐겁고 신나는 휴가 보내길 바랍니다. 휴가 멋지게(즐겁게) 보내세요. 파이팅!

바닷가로 휴가(떠나)가신다고요?

- 스트레스~하얗게 부서지는 파도에 몽땅 날리고 오세요^^
- 지친 심신~하얗게 부서지는 파도에 헹구고 오세요^^
- 그간 지친 심신 헹구고 기쁨 담는 즐거운 휴가되세요^^
- 드넓은 바다 닮은 멋진 모습으로 다녀오세요^^*
- 따가운 햇살을 바닷바람에 날리며 즐거움 만끽하는 좋은 휴가되세요.
- 잠시 일상 떠나 가장 편안한 쉼 되시길 바랍니다^^
- 마음의 행간이 행복 물결로 가득 찬 멋진 휴가되삼^^
- 바다가 좋아질 땐 누군가 사랑하는 거랍니다. 행복한 휴가되세요^^
- 부서지는 파도에 쌓인 스트레스 모두 날리고 오삼^^

산으로 휴가 떠나(가)신다고요?

- 산림욕하면서 그간 쌓인 스트레스 짙은 녹음에 모두 묻고 오세요^^
- 고운 산바람에 지친 심신 해맑게 헹구는 멋진 휴가되세요^^
- 더위 날리고 고운 향기 가득 담아오는 즐거운 휴가되세요.
- 산의 정기 흠뻑 받아 더욱 건강한 모습으로 뵙겠습니다.
- 우거진 녹음(산소 가득한 숲) 속에서 마음의 풍요누리며 편안히 쉬는 즐건 휴가되삼.
- 따가운 햇살을 계곡의 시원함으로 삭이며 즐거움 만끽하는 좋은 휴가되삼.
- 무더위 녹음에 날리며 유쾌 상쾌한 마음만 깃드는 멋진 휴가되삼^^

❷ 등산갈 때 보내는 인사용 멋진 감동문자

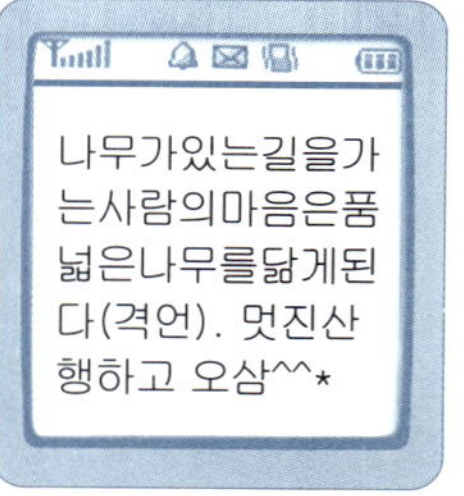

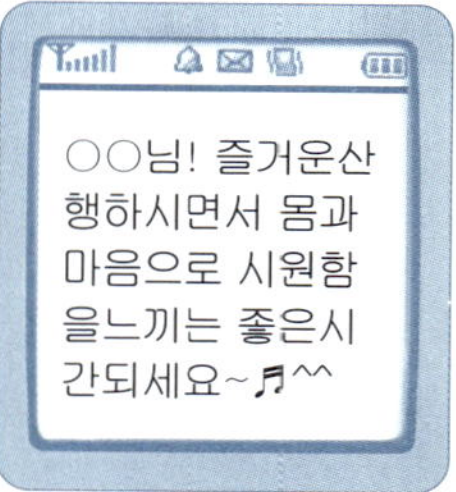

일반적인 등산 인사문자 글귀

- 즐거운 산행하시면서 몸과 마음으로 시원함을 느끼는 좋은 하루되세요.
- 넉넉한 자연 속에서 소중한 나를 찾는 추억의 산행되길 바랍니다.
- 입산 후 심신이 더 상쾌해지고 건강한 모습 보여주길 바랍니다. 잘 다녀
  오삼^^
- 산의 정기와 시원한 공기 흠뻑 마시고 오세요. 암벽 조심하시고요.
- 푸르른 초목 따라 ○○님의 몸과 마음도 싱그러움으로 가득 찬 등산(산
  행)되길 바랍니다(되삼).
- 그간 쌓였던 스트레스 산바람에 몽땅 날리는 기쁜 산행되세요.
- 스트레스 땀으로 다 배출하고 그 안에 희망의 기운만 가득 안고 오는 멋
  진 산행되삼.
- 친구(사우, 사랑하는 사람, 회원 등 명시)들과 우정 나누며 화목 다지는 멋진
  산행되삼.
- 정상에 섰을 때 세상이 발아래 있듯 끌고 가는 멋진 인생되길. 산행 즐겁

게 하세요.
- 🗨 등산은 마음을 비우려고 한다는데 기분 좋은 산행으로 새로운 활력 샘 솟길 바랍니다.
- 🗨 산행하기 좋은 날씨~상쾌한 마음으로 떠나 건강과 함께하는 즐거운 하루되길~
- 🗨 산행하기 좋은 날씨네요. 마음샘에 자연의 향기 가득 담아 오는 멋진 산행되삼^^
- 🗨 아름다운 산의 정기로 속세의 먼지 씻어 마음샘 행복으로 채우는 즐거운 산행되삼^^

아포리즘을 활용한 등산(산행) 인사문자 글귀

- 🗨 산이 거기 있기에 간다(에드먼드 힐러리). 아름다운 산에서 행복 느끼는 산행되삼.
- 🗨 산에 오르면 밑을 바라보며 거침없이 사유하는 기쁨이 있다^^ 즐거운 산행하고 오삼.
- 🗨 등산의 3대 기본원리는 에너지를 생산하고 보존하고 절약하는 것이다(원종민).
- 🗨 등산가는 산의 법칙을 배우고 행동한다(헤르만 후버). 산처럼 넉넉한 모습안고 오삼^^
- 🗨 등산의 기쁨은 정상에 올랐을 때 가장 크다(니체). 늘 정상에 선 모습 보여주세요^^*
- 🗨 나는 험악한 산을 기어올라가는 순간 최상을 기쁨을 느낀다(니체). 즐거운 산행하삼.
- 🗨 길이 험하면 험할수록 가슴이 뛴다(니체). 기쁨으로 충만한 등반되길.
- 🗨 나는 어려운 등반을 하면서 큰 우정을 느낀다(로베르 파라고). 우정다지

는 등산(산행)되삼.

- 고되지 않은 산행은 즐거움이 따르지 않는다(격언). 힘들지만 기쁨 찾는 산행되삼.
- 산행은 가장 사람답고 자연스러운 활동이다(격언). 즐거움으로 물드는 산행하삼.
- 산행은 마음과 머리의 때를 씻어내는 정신과 마음의 목욕이다(격언). 멋진 산행되길.
- 산은 모습, 선, 색깔이 아름답다(격언). 산 닮은 아름다운 모습 담아오삼^^*
- 사람이 선행하는 것은 산행을 하는 것과 같다(격언). 나를 키우는 멋진 산행되세요.
- 등산은 분별력, 능력, 사려 없는 자에게는 위험하다(마슈즈). 호연지기 쌓는 산행되삼.
- 어진 자는 산을 좋아한다(격언). 추억에 남는 멋지고 즐거운 산행하고 오삼^^
- 산에는 왜 오르는가? 산이 거기 있기 때문이다(마로리). 멋진 산행하고 오삼^^*
- 산은 인생의 길라잡이가 되어준다(격언). 마음샘 깊어지는 멋진 산행되길 바랍니다.
- 산행은 행복을 쌓아가는 마음의 쉼길이다(김동범). 마음의 풍요쌓는 산행되세요^^
- 산행은 마음과 머리의 때를 씻어내는 정신과 마음의 목욕(격언). 즐거운 산행되세요.
- 사람은 누구나 정상에 서고 싶어 한다. 산은 그걸 가르쳐준다(격언). 멋진 산행하삼^^

- 우리가 정복해야 할 것은 산이 아니라 우리 자신이다(에드먼드 힐러리). 멋진 산행하고 오세요.
- 등반은 스스로 힘들고 어려운 난관을 극복하는 사이에 희열을 느끼는 스포츠다(원종민). 즐겁게 다녀오삼.
- 등산은 철저한 준비와 목적지를 향한 고된 과정 속에 기쁨을 누리는 스포츠다(원종민). 잘 다녀오삼.
- 등반은 힘들고 어려운 난관을 극복하는 사이에 희열을 느끼는 스포츠다(원종민). 멋진 등반하고 오삼.
- 사람은 누구나 정상에 서고 싶어 한다. 산을 오르면 더 쉽게 정상에 서는 방법을 안다(라인홀트 메스너). 등산을 통해 인생의 정상에 서는 ○○님 되길 바랍니다.
- 산에는 지상에서 가장 위대한 아름다움이 있으며 숲과 야생화와 초원의 천국이다(라인홀트 메스너). 아름다운 산행하고 오삼^^*

> **TIP**
>
> **아래 아포리즘에 각 번호에 해당하는 문자글을 조립하여 사용하되 자간은 모두 붙인다**
>
> 나무가 있는 길을 가는 사람(의 마음)은 품넓은 나무를 닮게 된다(격언). ① 넓은 마음안고 오는 즐건 산행되삼. ② 마음의 산 높이는 멋진 산행되길. ③ ○○야! 즐거운 산행하고 와. ④ 입산의 기쁨 누리고 오삼. ⑤ 피로 확 푸는 편한 쉼 돼^^ ⑥ 추억으로 남는 멋진 입산되길

⦿ 여행 떠날 때 보내는 인사용 멋진 감동문자

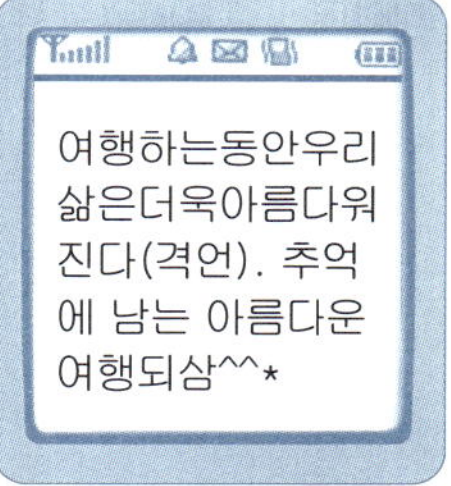

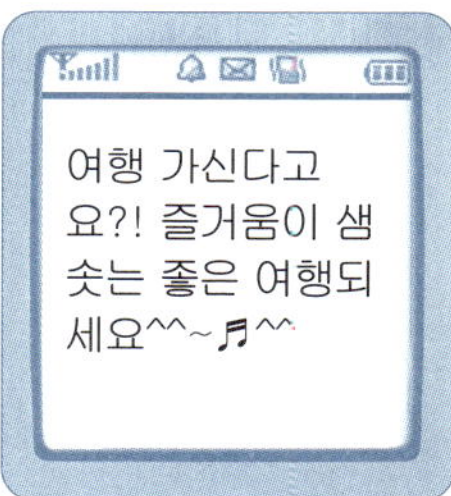

- 마음의 행복 찾아 떠나는 좋은 여행되삼(되세요, 되길 바랍니다).
- 이번 여행길이 ○○님 인생에 그리움 깃드는 멋진 낭만(추억)의 여행되길 바랍니다(되삼)^^*
- 인생의 터닝포인트를 찾아 떠나는 멋진 여행길 되세요.
- 아름다운 풍경 속에 풍요로운 마음의 스케치 듬뿍하고 오는 행복한 여행길 되삼.
- ○○님~일상의 굴레에 갇힌 스트레스 몽땅 날리고 행복한 마음만 안고 오는 여행되세요.
- 백문이 불여일견! 견문 넓히는 멋진 여행되삼^^*
- 마음의 쉼터에 희망의 꽃이 가득 움트는 행복한 여행길 되기 바랍니다.
- 견문을 넓히고 마음의 양식을 쌓는 멋진 여행되길 바래.
- 일상의 답답함을 벗어나 새로운 에너지를 재충전하는 멋진 여행되삼.
- 늘 추억의 저편에 아름다운 여운으로 남는 멋진 여행되길.
- 여행가신다고요?! 설레는 마음 안에 즐거움만 샘솟는 좋은(멋진) 여행되세요^^

여행은 떠남과 만남과 돌아옴! 자연과의 멋짐 만남 속에 기쁨 가득한 여행되세요.

○○님! 장거리여행 가신다구여! 와아!~멋집니다. 안전하고 건강하게 다녀오셔요^^

자연의 넓은 마음을 상큼하게 느껴보는 행복한 시간의 여정되길 바랍니다^^

아포리즘을 활용한 멋진 여행인사 명품글귀

설레는 준비 속에 낯선 풍광에 젖으면서 기억저편에 머무는 매력적인 여행되삼.

바보는 방황하고 현명한 사람은 여행한다(T. 풀러). 멋진 여행하고 오삼.

여행은 삶을 새로 보고 사물을 긍정적으로 보게 한다. 멋진 여행길 되세요.

여행은 자기가 살고 싶은 곳을 찾아 떠나는 것. 좋은 여행되삼.

여행하는 동안 우리 삶은 더욱 아름다워진다(격언). 추억에 남는 멋진 여행되세요^^*

여행은 한 걸음 앞으로 나가기 위해 과감히 투자하는 것이랍니다. 멋진 여행되삼.

여행은 삶의 속도를 늦추는 낭비가 아니라 여유를 주는 기회다(격언). 좋은 여행되삼.

여행과 변화를 사랑하는 사람은 생명이 있는 사람이다(바그너). 행복한 여행되세요.

여행은 새로운 나를 발견하며 새로운 희망을 안고 오는 시간. 좋은 여행되삼.

여행은 자기성찰과 마음의 평안을 주는 삶의 활력소. 멋진 여행~무탈하게 다녀오삼.

혼자 떠나는 여행은 나를 위해 줄 수 있는 선물. 마음의 휴식 취하는 여행되삼.

성공은 도착이 아니라 그 여정에 있다(낸시 함멜). 내일을 위한 멋진 여행되삼.

여행길이 즐거움 가득하고 삶의 비타민 역할하는 멋진 여행되길 바랍니다.

여행은 희망의 메시지를 자신에게 안겨주는 선물이다. 즐거운 여행되삼.

여행은 자신을 새로 구축하며 성장의 기쁨을 누리는 기간이다. 즐거운 여행되세요.

여행은 여유로움과 풍요로움으로 마음의 그릇을 키워준다(격언). 좋은 여행되세요.

여행은 새로운 생각과 아이디어를 만들어준다. 가슴가득 희망안고 오는 여행되세요.

여행은 그냥 떠나는 것이 아니라 삶을 재충전하는 것이다. 좋은 여행되길.

젊은이여, 왕복 기차표를 끊지 마라(사르트르). ○○야! 추억에 남는 멋진 여행하길.

여행은 노스탤지어를 느낄 여유를 주는 좋은 선물. 좋은 추억 만드는 여행되삼.

여행은 현장의 리얼리티를 즐기고 만끽하는 좋은 기회. 즐거운 여행하고 오삼.

여행은 그곳에 가지 않으면 만나지 못했을 인연과의 만남이다. 즐거운 여행되세요.

여행은 상상력과 편견을 깨뜨려 나를 더 살찌우는 좋은 기회다. 멋진 여행되길.

여행은 참지식의 원천이다(벤저민 디즈레일리). 좋은 여행되세요.

희망에 차 여행한 것이 목적지에 도착하는 것보다 좋다(스티븐슨). 좋은 여행되세요.

여행은 젊은이에겐 교육의 일부, 연장자에겐 경험의 일부다(베이컨). 멋진 여행되길.

여행은 사람을 순수하게 그러나 강하게 만든다(서양 속담). 좋은 여행되세요.

여행 중 제일 아름다운 여행은 마음으로 떠나는 여행이랍니다. 편안한 여행되삼^^

- 여행은 사물에 대해 폭넓고 관대한 시야를 갖게 해준다(마크 트웨인). 멋진 여행되길.
- 여행은 자신에게 자신을 다시 끌고 가는 고행이다(카뮈). 멋진 배낭여행되길.
- 여행은 나에게 정신을 다시금 젊어지게 해주는 샘이다(안데르센).

MMS용 문자메시지 명품글귀

- 여행은 풍요로운 마음으로 세상을 바라보는 자세를 키워주는 추억의 실루엣이다. 좋은 여행되길 바랍니다.
- 여행은 자연에서 삶의 아름다움을 느끼게 하여 세상을 바라보는 자세를 키워준다. 좋은 여행되세요.
- 자식을 성공시키려면 일찍부터 여행을 많이 시켜라!(서양속담). 사랑하는 아들(딸)아~멋진 여행하고 돌아오삼^^
- 여행은 자연에 동화되어 나를 찾는 과정이다(스티븐슨). 더 큰 모습 안고 돌아오는 멋진 여행되길 바란다(바래, 바래요).
- 여행은 새로운 풍경을 바라보는 것이 아니라 새로운 눈을 가지는 것이다(마르셀 프루스트). ○○야! 더 큰 모습으로 다가오는 좋은 여행되길 바래. 건강 챙기고. 파이팅!
- 훌륭한 여행가들이 흔히 그렇듯이 나는 내가 기억하는 것보다 많은 것을 보았고 또 본 것보다 많은 것을 기억한다(벤저민 디즈레일리). 추억에 남는 멋진 여행길 되세요.
- 세계는 한 권의 책이다. 여행을 하지 않는 사람은 책을 한 페이지밖에 읽지 않은 것이 된다(아우구스티누스). 견문 넓히는 즐거운 여행길 되길 바래.
- 여행이란 우리가 사는 장소를 바꾸어주는 것이 아니라 우리 생각과 편견을 바꾸어주는 것이다(아나톨 프랑스). 좋은 여행되세요.
- 호기심이라는 맹목적인 충동에 사로잡혀 여행을 떠나는 자는 방랑자다(골드 스미스). 삶의 가치를 높이는 멋진 여행길 되삼^^

12

각종 기념일에 띄우는 축하인사용

감동문자메시지

기념일에 띄우는 문자메시지는 그날을 소중히 여기는 사람에게 깊은 감명과 함께
신뢰감을 더욱 돈독히 갖도록 만들어준다.

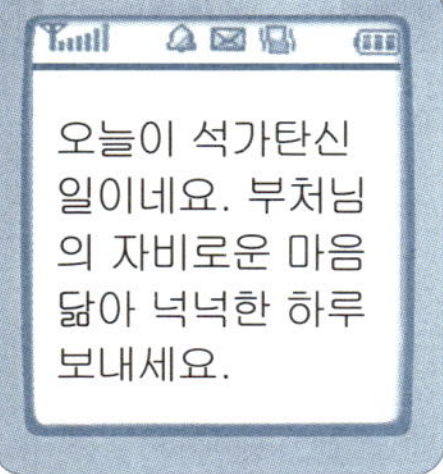

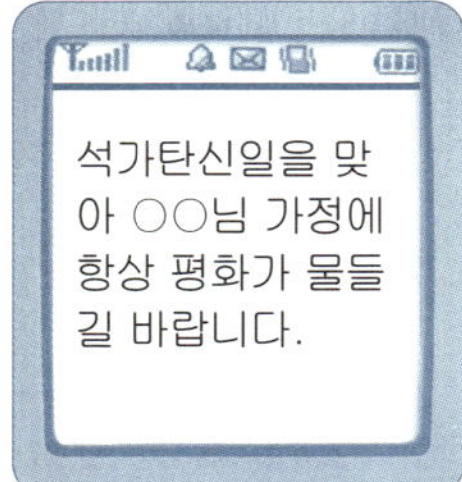

- 봉축^^ 석가탄신일입니다. 사랑과 자비로 행복 넘치는(가득한) 날 되세요.

- 석가탄신일을 맞아 마음의 여유 찾아보는 포근한(상쾌한) 하루되길 바랍니다.

- 석가탄신일을 맞아 서로 이해하고 보듬어주는 아름다운 날 되세요.

- 오늘은 부처님 오신 날! 부처님의 가피로 행복한 날 되길 바랍니다.
  → 가피(加被)는 부처나 보살이 자비를 베풀어 중생에게 힘을 줌을 의미

- 석가탄신일을 맞이하여 부처님의 자비와 은혜로 행복한 날 되세요.

- 석가탄신일이네요. 부처님의 자비와 사랑이 늘 함께하길 기원합니다.

- 부처님 오신 날! 부처님의 자비가 한마음 가득히 내려주는 고운 날 되세요.

- 석가탄신일입니다. 부처님 말씀처럼 마음에 자비와 사랑이 자리하는 하루되길.

- 석가탄신일 맞아 마음에~사랑 가득, 행복 가득한 날 되세요^^

- 오늘은 부처님 오신 좋은 날 자비로운 마음 채우며 여유로운 날 되세요.

같은 불교인인 경우

- 부처님 오신 날, 인자한 부처님의 모습이 ○○님에게 머물길 바랍니다.
- 부처님 오신 날 성불하시고 건강과 행복 누리시기 바랍니다.
- 봉축드립니다. ○○님에게 부처님의 인자하신 말씀이 가득 차길 바랍니다.
- 부처님의 자비로우신 은덕 되새기는 소중한 하루되길 바랍니다.
- 온 누리에 빛을 밝히신 부처님의 탄생을 감축드립니다. 좋은 하루되세요.
- 부처님의 가피로 성불하시는 행복한 날 되길 바랍니다.
- 성불하시고 부처님의 광명이 깃들어 늘 건강과 행복 누리시기 바랍니다!
- 부처님 오신 날 부처님의 광명과 자비가 깃들길 마음모아 바랍니다.
- 부처님의 자비광명이 ○○님 가정에 가득하길 기원합니다.
- 부처님 오신 날! ○○님에게 늘 자비가 가득하기를 축원합니다.

TIP

종교 인사용 문자 보낼 때 주의할 점

석가탄신일(음력 4월 8일)과 성탄절(12월 25일)은 우리나라의 두 축을 이루는 양대 종교인 불교계와 기독교계의 최대 명절이다. 정부에서도 공휴일로 정할 만큼 이제 종교를 떠나 모든 사람에게 사월초파일과 크리스마스는 축복의 장으로 자리매김해 가는 축제의 날이다. 이날을 즈음해 편지로 위대한 성현들의 얼을 기리는 것도 매우 뜻깊게 다가올 것이다.

그러나 아직 이를 믿지 않는 사람들에게는 종교적으로 민감한 부분도 있으므로 석가탄신일 또는 크리스마스의 인사용 편지를 쓸 때에는 반드시 상대방이 불교 또는 크리스트교를 믿는지 확인하고 문구의 강약을 조절하여 공통분모를 찾아내 보내는 마음 씀씀이가 필요하다.

따라서 해당 종교를 믿지 않는 일반 사람들에게는 편지가 아닌 휴대전화 문자메시지를 이용하여 간단한 축하인사를 하는 것이 바람직하다. 편지나 문자 등 DM을 보낼 때는 진정성도 중요하지만 상대방에 대한 마음의 배려가 더 중요하다는 사실을 꼭 유념해야 한다.

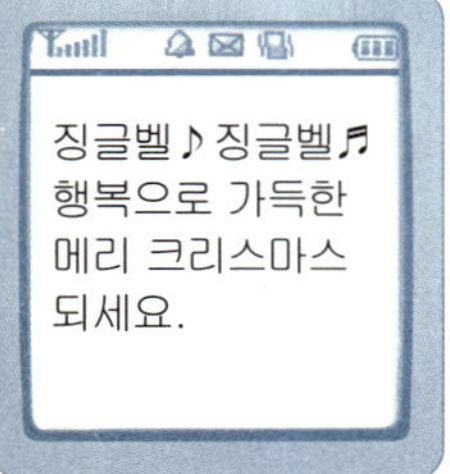

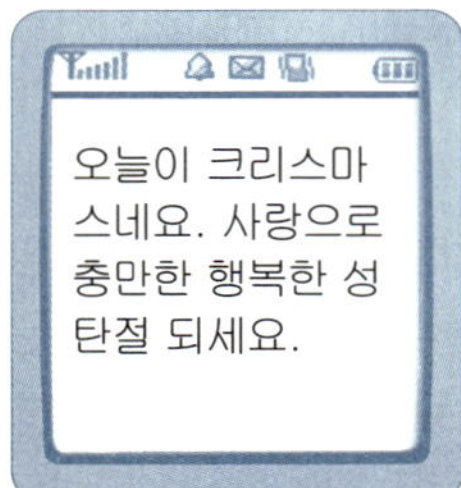

- 크리스마스이브입니다. 사랑하는 가족과 함께 좋은 밤 보내세요.
- 성탄절 즐겁게 보내시고 ○○님 가족에게 축복이 함께하길 바랍니다.
- 메리 크리스마스!♣ 즐거운 성탄절 되십시오!
- 사랑 나누는 즐겁고 행복한 크리스마스 되길 바랍니다.
- 성탄절을 맞아 ○○님 가정에 기쁨과 사랑이 넘치길 바랍니다.
- 행복과 축복이 함께하는 성탄절 되세요~메리크리스마스!^^*
- 즐겁고 행복 가득한 성탄절 되세요~메리크리스마스!^^*
- 멋진 성탄과 더불어 사랑이 충만한 고운 하루되세요.
- 즐거운 성탄절입니다. 축복과 은총으로 가득한 하루되세요.
- 따뜻한 마음으로 사랑과 인정을 나누는 뜻깊은 성탄절 되세요.
- 고요한 밤! 거룩한 밤♬ 성탄절 즐겁고 행복하게 보내시기 바랍니다.
- 행복하고 즐거운 크리스마스 되세요. 메리 크리스마스!
- Merry Christmas~* Happy New Year! 즐겁고 기쁜 성탄절 되세요.
- 메리크리스마스! 즐거운 성탄절 되시고 행복 가득하세요.
- 오늘은 하늘에 축복과 영광을 내려 받는 날. 즐거운 성탄절 되세요.

- 성탄절을 맞아 ○○님 가정에 기쁨과 사랑이 넘치기를 기원합니다.
- 메리 크리스마스! 즐거운 성탄절, 사랑하는 가족과 함께 행복하게 보내세요.
- 성탄절을 맞아 오늘 하루~좋은 날, 좋은 사람과 함께하세요.
- 성탄절을 맞아 기쁨과 소망이 충만하길 바랍니다. 행복하고 좋은 날 되세요.
- 축복의 성탄절! 즐겁고 신명나고 행복한 성탄절 되세요.
- Have a merry Christmas!! ○○님께 축복이 늘 함께하기 바랍니다.
- 성탄절에 ○○님 가정에 사랑의 기쁨과 행복이 넘치기를 기원합니다.
- 메리 크리스마스! ○○님 가정에 행복과 하느님의 은총이 함께하길 바랍니다.
- 즐겁고 행복한 성탄절 보내시고 멋지게 새해 맞으시기 바랍니다.
- 메리 크리스마스! 늘 사랑과 행복으로 가득 차기를 바래요.

같은 크리스트교인인 경우

- 예수님의 사랑하심으로 늘 건강하고 행복하세요.
- 성탄절, 하느님의 은총이 ○○님께 늘 함께하시길 기도드립니다.
- 예수님 오신 날, 성스러운 사랑이 ○○님 가정에 충만하길 기도합니다.
- 하늘에는 영광, 땅에는 축복, ○○님 가정에 행복이 넘치시길 기도합니다.
- 하늘에는 영광, 땅에는 축복이 함께하는 즐거운 성탄절 되삼^^
- 가족과 함께 사랑 나누는 행복한 성탄 보내세요. Have a merry Christmas!!
- 성탄절입니다! 주님 안에 기쁘고 행복한 하루 보내시길 바랍니다!
- 성탄을 축하드립니다! 고요한 밤 거룩한 밤 행복, 평화, 기쁨 가득하소서^^
- 예수님의 탄생을 기뻐하며 사랑과 행복이 가득하길 바랍니다.

⊙ 어버이날 띄우는 멋진 축하인사용 감동문자

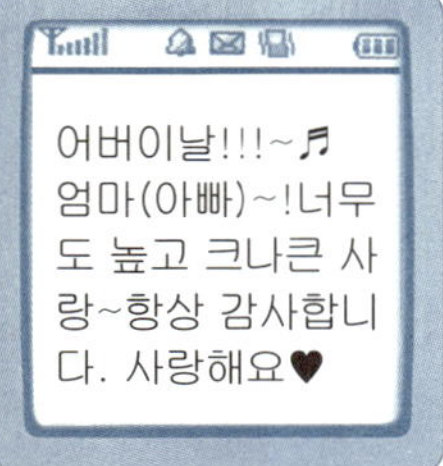

- 엄마(아빠)! 이 세상에 태어나게 해주셔서 넘 고맙고 사랑해요. 좋은 아들(딸) 될게요♥

- 엄마(아빠)! 제가 얼마나 마니 사랑하는지 아시죠?! 어버이날! 축하드리고 감사합니다.

- 엄마(아빠)! 너무도 높고 크나큰 사랑~항상 감사합니다. 사랑해요♥ 마니마니~

- 엄마(아빠)! 절 이렇게 멋지게(예쁘게) 키워주셔서 정말 감사합니다^^ 사랑합니다♣

- 어버이날! 엄마(아빠)께 이 세상에서 제일 든든한 아들될 걸 약속할게요. 사랑해요♥

- 엄마(아빠)! 어버이날 맞아 이 세상에서 제일 예쁜 딸될 걸 약속할게요. 사랑해요♥

- 엄마(아빠)! 이 세상에 태어나게 해주셔서 감사합니다. 좋은 아들(딸) 될게요. 사랑합니다.

- 엄마(아빠)!~가없는 은혜 꼭 갚겠습니다. 오래도록 건강하시고 행복하셔

야 해요^^

- 엄마(아빠)! 고마워요. 절 낳아주셔서^^* 두 분 꼭 행복하셔야 해요^^ 사랑합니다.

- 엄마(아빠)! 앞으로 제가 받은 그 큰 은혜 모두 갚아드릴게요^^ 착한 아들(딸) 되겠습니다.

- 엄마(아빠)! 엄마(아빠)의 따스한 사랑 깊이 간직하고 있어요. 사랑해요. 좋은 아들(딸) 될게요.

- 엄마(아빠)! 오늘은 두 분의 날. 제 시간 두 분께 선물로 드릴게요^^ 편히 모시겠습니다.

- 엄마(아빠)! ○○가 정말 마니 사랑하는 거 알죠?! 어버이날~제가 잘 모실게요.

- 엄마(아빠)!~감사합니다. 자랑스러운 ○○가 되도록 노력하겠습니다. 사랑합니다.

- 어버이날 맞아 엄마(아빠)의 사랑에 다시금 감사드립니다. 사랑합니다.

- 엄마(아빠)!~속으론 감사하고 사랑한단 말씀 전하면서도 잘 안 되네요. 사랑합니다.

- 저를 이 세상에 태어나게 해주신 고마운 울 엄마(아빠)! 사랑해요. 정말 마니마니~

- 오늘은 어버이날! 엄마(아빠), 감사합니다. 오래도록 행복하셔요. 사랑합니다.

- 엄마(아빠)~두 분이 제게 주신 사랑 다 갚을 때까지 건강하셔야 해요. 사랑합니다.

- 가족 위해 고생하시는 울 아빠! 사랑해요. 제가 나중에 모두 보답할게요 ^^*

- 엄마(아빠)! 요새 힘드시죠?! 토닥토닥~^^ 어버이날인데 제가 저녁 대접 해드릴게요.

- 울 엄마(아빠)! 어버이날 맞아 사랑과 감사 인사드릴게요. 고맙습니다. 행복하셔야 해요^^

🖳 엄마(아빠)! 절 이 세상에 태어나게 해주셔서 감사와 사랑~가득 전합니다. 사랑해요.

🖳 항상 열심히 일하시는 속 깊은 울 아빠! 사랑해요!♥ 하늘만큼 땅만큼~ 감사합니다.

🖳 항상 알뜰히 챙겨주시는 자상한 울 엄마! 사랑해요!♥ 하늘만큼 땅만큼 ~감사합니다.

🖳 엄마(아빠)! 제가 효도할 때까지 건강하고 행복해야 해요. 약속◦━◦^^ 사랑합니다♡

🖳 오늘은 어버이날~♫ 엄마(아빠) 사랑해요. 믿음직한 아들 되도록 노력할게요.

🖳 오늘은 어버이날~♫ 엄마(아빠) 사랑해요. 든든한 딸 되도록 노력할게요.

❯ 부부의 날 띄우는 멋진 축하인사용 감동문자

- 오늘은 둘이 하나 되어 즐겁고 행복한 부부의 날! 두 분 행복가득하세요.
- 오늘은 부부의 날~~알콩달콩 부부 사랑 키우는 고운 하루되세요~ㅎ~
- 오늘은 부부의 날! 부부간의 화목과 행복이 어우러져 행복한 하루되삼^^
- 둘이 모여 하나가 되는 부부의 날!^^★^^즐겁고 행복한 날 되세요~^ㅇ^
- 부부의 날~따스한 사랑의 손길로 마음까지 어루만져주는 ♡♡가득한 날 되세요.
- 오늘은 둘(2)이 만나서(1) 하나가 되는 부부의 날! 부부 서로 무조건 행복하길.
- 반쪽과 반쪽이 모여서 하나 되는 부부의 날! 사랑 가득 채우는 행복한 하루되삼^^
- 부부의 날~♣오늘 하루 두 분~사랑 전하며 행복한 하루되세요★^^★
- 부부의 날입니다. 행복하고 아름다운 하루 보내세요^★^
- 오늘은 둘(2)이 하나(1)되는 부부의 날~행복한 하루되세여~^★★^ (부부의 날은 5월 21일)

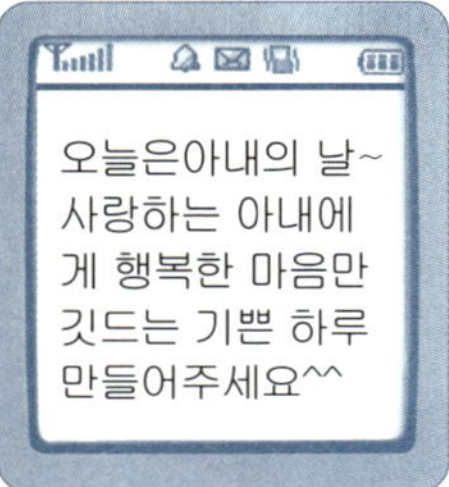

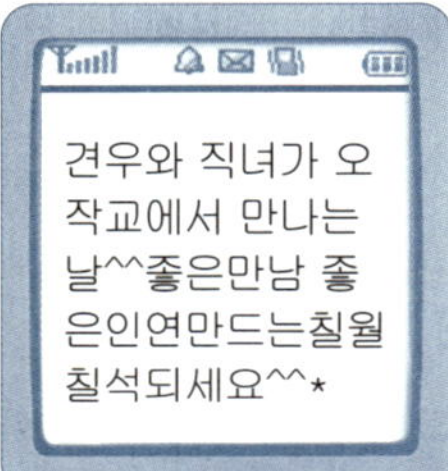

- (공통문자) 오늘은 ○○데이! 행복 가득한 좋은 하루되세요★^^★
- 오늘은 다이어리데이! 연인에게 사랑의 다이어리 선물해 러브레터 남기게 하세요^^(다이어리데이 : 1월 14일)
- 오늘은 밸런타인데이! 사랑하는 분께 곱게 접은 사랑의 마음 띄우는 하루되삼.(밸런타인데이 : 2월 14일)
- 오늘은 둘이 서로 아름답게 사랑 가꾸는(나누는) 날. 행복한 하루되세요.(커플데이 : 2월 22일)
- 오늘은 화이트데이! 사랑하는 분께 아름다운 사랑 가득 전하는 예쁜 하루되삼.(화이트데이 : 3월 14일)
- 아내의 날~사랑하는 아내에게 행복 가득 안겨주는 아름다운 하루되세요.(아내의 날 : 3월 3일)
- 오늘은 사랑고백하면 이루어지는 날! 사랑하는 분께 멋진 사랑고백으로 행복하길.(4월 4일 : 사랑 고백하면 이루어지는 날)
- 오늘은 블랙데이~자기야~지금 힘들고 우울해. 당신 곁엔 늘 내가 있을게. 파이팅!(블랙데이 : 4월 14일)

🖳 어버이날! 사랑하는 부모님께 치사랑의 마음 표현하는 고마운 하루되삼.(어버이날 : 5월 8일)

🖳 오늘은 로즈데이! 사랑하는 사람에게 장미꽃 선물하며 예쁜 사랑 키우세요.(로즈데이 : 5월 14일)

🖳 오늘은 로즈데이~사랑하는 사람과 장미꽃처럼 아름다운 사랑의 꽃피우는 날 되삼.

🖳 성년의 날! 축하해. 오늘 하루 앞날의 밝고 아름다운 미래 꿈꾸는 소중한 날 되삼.(성년의 날 맞은 청소년에게 사용. 성년의 날 : 매년 5월 셋째 주 월요일)

🖳 오늘은 1년에 한번 견우와 직녀가 만나는 칠월칠석입니다. 좋은 만남 되세요.(칠월칠석 : 음력 7월 7일)

🖳 견우와 직녀가 랑데부하는 오늘^^ 좋은 사람 만나 좋은 인연 만드는 좋은 날 되삼.

🖳 포토데이! 사랑하는 사람과 추억에 남는 가을사진 남기는 멋진 하루되삼.(포토데이 : 9월 14일)

🖳 오늘은 사랑하는 남녀가 하나되어(플러스되어) 사랑 이루는 날. 행복한 하루되세요.(빼빼로데이 : 11월 11일)

※ [김동범의 감동문자 실용백과] 시리즈 ① 《사람과 성공을 낚는 마법의 감동문자》와 시리즈 ② 《기쁨과 축복을 선사하는 마법의 희망문자》에서 다루지 못한 감동 문자메시지들이 시리즈 ③ 《기분좋은 하루를 만드는 마법의 행복문자》에 계속됩니다.

멋진 감동문자로 좋은 인연 낳아 성공인생 만들자

이 세상에서 제일 소중한 님이여!

오늘부터 당신을 대하는
모든 인연 있는 사람들이
당신 덕분에 감동을 선물받고
행복한 마음이 깃들어
언제나 삶이 즐거워질 수 있도록
감동문자를 맛깔스럽게 만들어
정성껏 띄워 보내보세요.

감동을 안겨주는 문자에는
사람을 사로잡는 마법이 숨겨져 있습니다.
감동을 전해주는 문자는
보내는 사람의 마음이 묻어나
상대방에게 그대로 전달됩니다.
감동을 담아 띄우는 문자에서는
보내는 사람의 심성이 곱게 묻어납니다.

감동을 주기 위해 보내는 문자에는
행복바이러스가 담겨 있습니다.

감동문자를 받으면
기분이 업되어 행복한 마음이 저절로 움틉니다.
감동문자를 받으면
기쁨의 미소가 번져 하루가 즐거워집니다.
감동문자를 받으면
보낸 사람에 대해 고맙게 생각하고 신뢰가 싹틉니다.
감동문자를 받은 사람은
기쁜 감정을 두고두고 음미하려고
문자 글귀를 저장하여 보낸 사람을 늘 생각합니다.

감동어린 문자를 받으면
행복바이러스가 저절로 온몸으로 퍼져
엔도르핀이 솟아나 그 기쁨과 고마움으로
상대방이 당신을 더욱
소중히 여기게 됩니다.

그러면 여기서부터 당신과 상대방의
좋은 만남, 좋은 인연, 좋은 인맥,

멋진 인생성공을 향한 소중한 씨앗이 돋아납니다.

즉, 감동문자를 지속적으로 보내면
보내는 순간 마음의 정화와 지혜의 창출로
자신의 가치와 매력이 점점 드높아집니다.
그리고 받는 이의 가슴을 따스하게 적셔주고
심금을 울려 살가운 정이 맞갖게 싹트고
이를 기화로 인연이 깊어지고 인맥이 넓어져
성공인생이 저절로 열리게 되는 것이죠.
오늘부터 매일 아침마다
조금 일찍 일어나
누구에게 감동문자를 어떻게 만들어 보낼 것인가를
생각하는 생활의 아름다운 여유를 가지세요.

당신의 감정이 진정성 있게 묻어나도록
보내는 문자 글귀를 아름답게 만들고
맛깔스럽게 이모티콘을 조립하여
소중한 사람들에게 띄워 보세요.

문자 얼개를 단문편지 틀에 맞춰
멋지게 디자인한 다음

보내는 당신의 마음이 설레고
받는 상대방의 마음이 행복에 젖어들어
서로 하루를 기쁜 마음으로 이어가도록
살갑게 띄워 보세요.
날마다 감동과 기쁨과 행복감을 선사하여
사랑과 신뢰와 성공의 씨앗을 움트게 하세요.

오늘부터는
소중한 감동어린 문자메시지를
당신의 성공인생을 위해
상대방의 행복과 기쁨을 위해
미음 담아 멋지게 만들어 꼭 띄우세요.

– 김동범 –

중앙경제평론사
중앙생활사

Joongang Economy Publishing Co./Joongang Life Publishing Co.

중앙경제평론사는 앞서가는 오늘, 보다 나은 내일이라는 신념 아래 설립된 경제·경영서 전문 출판사로서 성공을 꿈꾸는 직장인, 경영인에게 전문지식과 자기계발의 지혜를 주는 책을 발간하고 있습니다.

기쁨과 축복을 선사하는 마법의 희망문자

초판 1쇄 인쇄 | 2009년 1월 20일
초판 1쇄 발행 | 2009년 1월 23일

지은이 | 김동범(Dongbeom Kim)
펴낸이 | 최점옥(Jeomog Choi)
펴낸곳 | 중앙경제평론사(Joongang Economy Publishing Co.)

대　표 | 김용주
편　집 | 한옥수·최진호
기　획 | 박기현·박종운
디자인 | 신경선·김선영
마케팅 | 김치성
관　리 | 이세희
인터넷 | 김회승

출력 | 국제피알　종이 | 서울지류유통　인쇄·제본 | 신흥P&P

잘못된 책은 바꾸어 드립니다.
가격은 표지 뒷면에 있습니다.

ISBN 978-89-6054-047-7(04320)
ISBN 978-89-6054-045-3(세트)

등록 | 1991년 4월 10일 제2-1153호
주소 | ㉾100-789 서울시 중구 왕십리길 160(신당5동 171) 도로교통공단 신관 4층
전화 | (02)2253-4463(代)　팩스 | (02)2253-7988
홈페이지 | www.japub.co.kr 이메일 | japub@naver.com | japub21@empal.com
♣ 중앙경제평론사는 중앙생활사와 자매회사입니다.

▶ 홈페이지에서 구입하시면 많은 혜택이 있습니다.

※ 이 도서의 국립중앙도서관 출판시도서목록(CIP)은 e-CIP 홈페이지(www.nl.go.kr/cip.php)에서 이용하실 수 있습니다.(CIP제어번호: CIP2008003729)